믿든 안 믿든 궁금한 사주명리

아티오
ArtStudio

나의 사주 분석하기

	남자		여자		양력		음력
		년		월		일		시

	시주(時柱)	일주(日柱)	월주(月柱)	연주(年柱)
십성(十星)				
천간(天干)				
수치 분포				
십성(十星)				
지지(地支)				
수치 분포				

	목(木)	화(火)	토(土)	금(金)	수(水)
개수					
수치					
십성					
심리					
욕구					

※ 이 책을 읽으며, 나의 사주를 직접 기록해 보세요.

믿든 안 믿든 궁금한 사주명리

2025년 5월 30일 초판 인쇄
2025년 6월　6일 초판 발행

펴 낸 이 | 김정철
펴 낸 곳 | 아티오
지 은 이 | 박정희
마 케 팅 | 강원경
기획·진행 | 김미영
디 자 인 | 김지영
전　　화 | 031-983-4092
팩　　스 | 031-69-5780
등　　록 | 2013년 2월 22일
정　　가 | 20,000원
홈 페 이 지 | http://www.atio.co.kr

* 아티오는 Art Studio의 줄임말로 혼을 깃들인 예술적인 감각으로 도서를 만들어 독자에게
  최상의 지식을 전달해 드리고자 하는 마음을 담고 있습니다.

믿든 안 믿든 궁금한
사주명리

우리는 정해진 운명을 따를까, 만들어갈까?

흔히 "생긴 대로 살아간다"는 말을 하죠. 단순히 외모를 의미하는 것이 아니라, 타고난 성향과 기질에 맞게 살아야 한다는 뜻이에요. 그렇다면 우리는 그저 정해진 운명대로 살아야 할까요? 아니면 나만의 방식으로 살아갈 수 있을까요?

사람은 저마다 다른 성향을 가지고 있어요. 도전과 성취를 즐기는 사람이 안정적인 조직에서 일한다면 아무리 좋은 직장이라도 답답함을 느낄 거예요. 반대로 조용하고 차분한 성격의 사람이 사람을 계속 만나야 하는 직업을 가진다면 스트레스가 쌓이겠죠. 부부나 연인 관계도 마찬가지예요. 서로 너무 다르면 힘들고, 너무 비슷해도 삐걱거릴 때가 있어요.

우리가 살아가면서 가장 힘든 건 바로 '사람'과의 관계예요. 상대가 내 마음을 몰라줄 때, 작은 습관 하나가 반복될 때, 대화 방식이 다를 때 서운함이 쌓이죠. 하지만 상대방의 기질과 성향을 이해하면 그 시선이 달라질 거예요. 명리학은 바로 그 '이해'를 돕는 도구예요.

사람과의 관계에서 자주 드는 생각이 있죠. "왜 저 사람은 저렇게 행동할까?" 하지만 그 답은 의외로 명리학에서 쉽게 찾을 수 있어요. 인간은 '틀리게' 태어난 것이 아니라, '다르게' 태어난 거예요. 상대방이 나와 다르다고 해서 문제가 있는 게 아니라, 본래 그런 성향을 가지고 있는 거죠.

명리학에서 말하는 양(陽)의 기운이 강한 사람은 직관적이고 적극적이에요. 반면, 음(陰)의 기운이 강한 사람은 차분하고 신중하죠. 만약 세상에 양(陽)의 기운만 가득했다면 모두가 자기주장만 하다가 충돌했을 거예요. 음(陰)의 기운만 넘쳐났다면 너무 조용해서 발전이 더뎠을지도 몰라요. 결국, 세상은 서로 다른 에너지가 균형을 이루면서 돌아가요. 연인 관계도 마찬가지예요. 나와 상대방의 기질을 알면, 더 좋은 균형을 찾을 수 있어요.

이 책에서는 명(命), 즉 타고난 성향을 탐구해요. 내 사주를 이해하는 것은 곧 나를 이해하는 과정이에요. 왜 나는 이런 결정을 내리는지, 어떤 순간에 만족을 느끼는지, 무엇이 나를 힘들게 하는지를 알면 인생이 한결 편안해질 거예요. 그리고 내가 나를 이해해야 상대도 이해할 수 있어요. 자기 자신을 모르면서 상대를 온전히 받아들이는 것은 쉽지 않거든요.

그리고 명리학을 더 쉽게 풀어내기 위해 익숙한 개념들과 접목했어요. 예를 들어, MBTI와 명리학을 연결했죠. 목화(木火)의 기운이 강한 사람은 E 성향으로 외향적이고 직선적인 성향을 보이며, 금수(金水)의 기운이 강한 사람은 I 성향으로 내향적이고 깊이 있는 사고를 해요. 이렇게 연결하면 명리학이 훨씬 친근하게 다가올 거예요. 또한, 연인 간의 감정을 더 깊이 이해하기 위해 게리 체프만의 '5가지 사랑의 언어'도 활용했어요. 단순히 사주를 분석하는 것을 넘어, 실제로 더 건강한 관계를 만드는 방법까지 다룰 거예요.

저는 명리학 강의를 하면서 많은 사람들을 만나요. 특히 결혼을 앞둔 연인들이 "우리는 잘 맞을까요?"라고 묻곤 해요. 하지만 궁합은 단순한 맞고 안 맞고의 문제가 아니에요. 중요한 건 서로를 얼마나 이해하고, 그 차이를 조화롭게 맞춰 나가느냐 예요.

이 책이 나를 알고, 사람을 더 깊이 이해하는 데 작은 길잡이가 되었으면 해요. 불필요한 오해와 갈등을 줄이고, 서로의 차이를 받아들이며 더 건강한 관계를 만들어갈 수 있도록 도울 수 있다면 더없이 기쁠 거예요. 여러분의 사랑이 더 단단해지고 인생이 담백하고 편안해지길 바랄게요.

봄을 맞이하며 정담 박정희

차 례

3부 나를 알고 관계를 이해하다

4부 운명의 알고리즘, 사주 속 인연 찾기

1부

운명,
사주로 시작하다

내 운명,
사주의 정체

　살면서 사주라는 말을 많이 들어봤지만, 정작 사주가 어떻게 구성되어 있고, 어디까지 영향을 미칠 수 있는지 아는 사람은 많지 않아요. 사주명리학을 흔히 '사주팔자(四柱八字)'라고 불려요. 여기서 '사주(四柱)'는 4개의 기둥을 의미하고, '팔자(八字)'는 각 기둥을 구성하는 8개의 글자를 뜻해요. 4개의 기둥은 태어난 연(년), 월(달), 일(날), 시(시간)로 이루어져 있으며, 각 기둥은 하늘의 기운을 나타내는 천간과 땅의 기운을 나타내는 지지로 구성돼요. 이를 조합하면 총 8개의 글자가 나오기 때문에 '사주팔자(四柱八字)'라고 말해요.

	태어난 시	태어난 일	태어난 월	태어난 연
생년월일시	15:00	23일	2월	2020년
천간(天干)	시(時)	일(日)	월(月)	연(年)
지지(地支)	주(柱)	주(柱)	주(柱)	주(柱)

각각의 기둥과 글자 속에 담긴 의미를 풀어가다 보면, 내 삶의 흐름과 방향성을 이해할 수 있게 돼요. 사주를 단순히 운세를 보는 점술학으로 생각하는 사람들이 많아요. '언제쯤 돈을 벌 수 있을까요?', '언제 승진할까요?', '언제 결혼할까요?' 이런 것을 묻기 위해 철학원을 찾는 사람들이 많지만, 그런 점술학적인 부분보다 '나는 어떤 기질의 사람일까?', '내 남편의 성격 파악이 안 되는데, 왜 그럴까?', '나는 직장에 다니기 싫은데 지금 내가 가는 길이 맞을까?'와 같이 자기 이해와 삶의 길을 찾는데, 도움을 주는 도구로 활용하는 것이 좋아요.

과거에는 두꺼운 만세력이라는 책을 들고 하나씩 페이지를 넘기며 사주를 확인해야 했어요. 시간도 오래 걸리고, 이해하기도 쉽지 않았죠. 요즘은 아니에요. 스마트폰만 있다면 손쉽게 내 사주를 확인할 수 있어요.

사주를 입력하면 사주를 분석하는 것이 아니라, 사주의 천간(天干), 지지(地支) 등의 기본 정보를 제공하는 것을 만세력이라고 해요. 여러 종류의 만세력이 있어요. 추천하는 만세력 앱은 '천을귀인'이에요. 이 앱은 사용법이 간단하고, 사주의 구성 요소가 한눈에 보기 쉽게 정리되어 있어 처음 배우는 분들에게 딱 맞는 도구예요.

예시를 통해 만세력 보는 방법을 알아볼게요. 만세력 앱인 '천을귀인' 앱에 2020년 2월 23일(양력) 오후 3시에 태어난 여자의 사주를 입력해 보세요. 양력 또는 음력, 남녀 구분, 정확한 시간을 입력하세요. 앞으로 이 사주를 예시로 설명할 거예요.

Q 정확한 시간이 중요한가요?

A 의외로 1970년 이전에 탄생하신 분은 태어난 시간을 정확하게 모르는 분들이 많아요. 태어난 시간은 시주(時柱)로 인생의 말년운과도 연결돼요. 그래서 태어난 시간은 매우 중요하며 정확한 시간을 알아야 사주를 온전하게 해석할 수 있어요.

Q 사주는 어떻게 읽을까요?

A 사주는 오른쪽에서 왼쪽으로 읽어요. 가장 오른쪽에 있는 년주(年柱)부터 월주(月柱), 일주(日柱), 시주(時柱) 순으로 구성되며, 태어난 연, 월, 일, 시를 나타내요.

🏵 사주의 구성과 의미

예시: 2020년 2월 23일 (양력) 15:00 여자

생년월일	태어난 시간	태어난 일	태어난 월	태어난 연
	시주(時柱)	일주(日柱)	월주(月柱)	연주(年柱)
천간(天干)	乙 (을)	丙 (병)	戊 (무)	庚 (경)
지지(地支)	未 (미)	申 (신)	寅 (인)	子 (자)
의미	자식, 58세 이후	배우자, 38~57세	부모, 20~37세	조상, 1~19세

▪ 년주(年柱)인 庚子(경자)는 태어난 해를 나타내요.

　조상, 뿌리, 어린 시절을 상징하죠.

▪ 월주(月柱)인 戊寅(무인)은 태어난 달을 나타내요.

　부모님과의 관계, 성장 과정, 사회생활의 기반을 보여주죠.

▪ 일주(日柱)인 丙申(병신)은 태어난 날을 나타내요.

　자기 자신과 배우자운을 볼 수 있는 부분이에요.

▪ 시주(時柱)인 乙未(을미)는 태어난 시간을 나타내요.

　말년운, 자녀와의 관계, 그리고 후반부 인생을 알 수 있어요.

　'천을귀인' 앱에 자신의 생년월일과 시간을 입력해 보세요. 음력과 양력을 선택할 수 있는데, 양력은 표시(체크)하지 않으면 양력으로 인식해요.

사주 8개 글자에 나의 성향과 기질, 배우자운, 재물운, 학업운 등 모든 비밀이 숨겨져 있다는 것이 신기하지 않나요. 사주명리학이 근거 없는 점술에 불과했다면, 수천 년 동안 그 명맥이 이어질 수 없었을 거예요. 오랜 세월 동안 많은 사람이 연구하고 활용해 온 이유가 분명히 있는 거죠.

하지만 꼭 기억해야 할 부분은, 그동안 사주명리학을 어떻게 공부해 온 사람인지도 모르는 역술가의 한마디에 여러분의 인생을 맡기는 실수는 하지 마세요. 운명을 맞히고 못 맞히는 것은 사실 50:50의 확률이에요. 그 안에서 몇 번 맞았다고 해서 '용한 점쟁이'로 불리는 경우가 많아요.

철학원을 운영하는 분 중에는 검증되지 않은 이론으로 사람을 현혹하는 경우도 많아요. 명리학의 전문가가 아니라면 역술가의 실력을 판단하기 어렵기에 더욱 신중할 필요가 있어요. 무엇보다 중요한 것은 내 인생을 타인의 말에 맡기지 않는 것이에요. 내 인생의 방향을 결정하는 주체는 언제나 나 자신이에요.

02

사주의 핵심 요소,
내 기질을 읽는 법

사주는 나만의 인생 바코드와 같아요. 이 바코드를 잘 이해하려면, 다음과 같은 핵심 요소들을 알아야 해요. 기본적으로 명리학의 사주팔자에서 이해해야 하는 것은 다음과 같아요.

■ 음양(陰陽)

사주에서 음(陰)과 양(陽)은 상반되는 에너지로, 음은 내적이고 차분한 성질을, 양은 외향적이고 활동적인 성질을 나타내요.

■ 오행(五行)

오행(五行)은 목(木), 화(火), 토(土), 금(金), 수(水)의 다섯 가지 기본 요소로 나의 기질과 건강을 알 수 있어요.

■ 천간(天干)

천간(天干)은 하늘의 기운을 나타내는 열 개의 글자예요. 천간은 기운, 에너지의 흐름으로 사고방식과 자신이 추구하는 바를 나타내요. 갑(甲), 을(乙), 병(丙), 정(丁), 무(戊), 기(己), 경(庚), 신(辛), 임(壬), 계(癸)의 10개로 구성되며, 오행(목·화·토·금·수)과 음양(陽·陰)으로 구분돼요.

■ 지지(地支)

지지(地支)는 땅의 기운으로, 실질적인 결과를 나타내요. 12개의 글자 12지지는 자(子), 축(丑), 인(寅), 묘(卯), 진(辰), 사(巳), 오(午), 미(未), 신(申), 유(酉), 술(戌), 해(亥)로 구성되며, 오행, 음양, 육합, 삼합, 형충파해 등의 관계를 형성해요.

■ 십성(十星)

십성(十星)은 사주에서 각 기운의 특성과 역할을 나타내는 열 가지 성격 유형으로, 육친적 관계와 인생의 흐름, 성격을 분석하는 데 사용돼요.

■ 격국(格局)

격국은 사주에서 자신의 중심된 에너지를 통해 직업과 관련된 성향과 방향을 나타내요.

■ 용신(用神)

용신은 사주에서 부족한 에너지를 보충해 주는 중요한 요소로, 개인의 운을 개선하고 균형을 맞추는 역할을 해요.

■ 대운(大運)과 세운(歲運)

대운은 인생의 큰 흐름을 나타내는 10년 주기의 운이고, 세운(歲運) 또는 연운(年運)이라 불리는 운은 매년 1년 단위의 운을 말해요.

여기까지가 12운성, 12신살이라는 이론과 더불어 현대 사주명리학의 큰 틀이에요. 이 책은 사주풀이를 위한 책이 아니라 어렵고 복잡한 사주 이론보다는, 음양오행과 천간, 지지, 십성을 중심으로 타고난 기질과 욕구로 사주를 풀어가고자 해요. 또한 MBTI와 5가지 사랑의 언어와 접목해서 현대적으로 관계의 해법을 제시하고자 해요.

03

만세력,
사주 해석의 첫걸음

앞서 만세력을 통해 사주의 8개 글자를 분석하면, 나만의 에너지와 삶의 흐름을 이해할 수 있어요. 음양, 오행, 천간과 지지만 알아도 만세력을 읽고 해석하는 즐거움을 느낄 수가 있어요.

'천을귀인' 만세력 앱을 통해 빠르게 정보를 확인하고, 해석하는 방법만 익히면 사주 풀이에 많은 도움이 될 수 있어요. 만세력 앱을 어떻게 이해해야 하는지 보는 방법을 설명할게요.

예시: 2020년 2월 23일(양력) 15:00 여자

	시주(時柱)	일주(日柱)	월주(月柱)	연주(年柱)
❼ 십성(十星)	정인	일간(나)	식신	편재
❷ 천간(天干)	乙 (을)	丙 (병) ❹	戊 (무)	庚 (경)
❸ 지지(地支)	未 (미)	申 (신) ❺	寅 (인) ❻	子 (자)
❼ 십성(十星)	상관	편재	편인	정관
❽ 지장간 (地藏干)	丁 (겁재) 乙 (정인) 己 (상관)	戊 (식신) 庚 (편관) 丙 (편재)	戊 (식신) 丙 (비견) 甲 (편인)	壬 (편관) 癸 (정관)

❶

❶ 오행(五行): 목, 화, 토, 금, 수 오행이 색으로 표시돼요.

목(초록), 화(붉은색), 토(황토색), 금(흰색), 수(검은색)

❷ 천간(天干): 오른쪽에서 왼쪽으로 읽으며, 년간, 월간, 일간, 시간으로 庚(경) 戊(무) 丙(병) 乙(을) 순으로 읽어요.

천간은 갑(甲), 을(乙), 병(丙), 정(丁), 무(戊), 기(己), 경(庚), 신(辛), 임(壬), 계(癸)의 10개가 있어요.

❸ 지지(地支) : 오른쪽에서 왼쪽으로 읽으며, 년지, 월지, 일지, 시지로 子(자) 寅(인) 申(신) 未(미) 순으로 읽어요.

지지는 자(子), 축(丑), 인(寅), 묘(卯), 진(辰), 사(巳), 오(午), 미(未), 신(申), 유(酉), 술(戌), 해(亥)의 12개가 있어요.

❹ 일간(日干): 일간은 자신을 의미하며 예시는 병화(丙火) 일간이며 일간을 기준으로 나머지 7글자의 십성이 구성돼요.

❺ 일지(日支): 나의 성향과 배우자를 의미하고 예시의 일지는 신금(申金)이에요.

❻ 월지(月支): 태어난 달을 의미하고 나의 기질에 많은 영향을 주고 예시의 월지는 인목(寅木)이에요.

❼ 십성(十星): 십성은 일간을 기준으로 10가지로 분류해요.
예시의 십성은 庚(편재), 戊(정인), 丙(나), 乙(정인), 子(정관), 寅(편인), 申(편재), 未(상관)이에요.

❽ 지장간(地藏干): 지지에 숨겨진 천간의 모습으로 내면의 많은 것을 내포하고 있어요. 예시에서 자(子), 인(寅), 신(申), 미(未) 지지 밑의 2~3글자로 자(子) 밑에 있는 임(壬)과 계(癸) 등이 지장간에 해당돼요.

· 대운(大運): 10년 단위의 운을 의미해요.

· 세운(歲運): 1년 단위의 운을 의미해요

· 월운(月暈): 한 달 단위의 운을 의미해요.

본 책은 음양오행, 천간과 지지, 그리고 십성을 바탕으로 기질과 성향을 중심으로 한 관계의 해법을 설명하고자 해요. 지금까지는 사주의 기본 틀을 이루는 만세력 읽는 방법의 핵심 개념을 기본만 설명했어요. 이제부터는 조금 더 깊이 있는 분석을 통해 사주를 해석하는 방법을 살펴볼거예요.

04

음양(陰陽)의 조화,
기질과 성향을 해석하는 열쇠

세상 모든 것은 음(陰)과 양(陽)이라는 두 가지 기본 원리로 이루어져 있어요. 음과 양은 서로 반대되는 성질을 가지고 있지만, 조화를 이루면서 세상을 움직이는 중요한 원리예요.

예를 들어, 태양이 떠오르면 낮(陽)이 되고, 해가 지면 밤(陰)이 되죠. 이렇게 자연의 흐름뿐만 아니라, 사람의 성향, 기질, 사고방식, 행동 패턴 등도 음과 양의 영향을 받아요.

사주팔자를 해석할 때 음양의 균형이 잘 맞는지, 어느 쪽이 더 강한지를 살펴보는 것이 중요해요. 음과 양이 조화를 이루면 삶이 원활하게 흘러가고, 어느 한쪽이 지나치면 삶의 균형이 깨질 수 있어요.

● 음양의 특징 한눈에 보기

구분	음(陰)	양(陽)
자연	달, 밤, 겨울, 물, 그늘	태양, 낮, 여름, 불, 광명
계절	가을, 겨울, 수렴, 수축	봄, 여름, 팽창, 발산
날씨	흐림, 비, 눈, 차가운 공기	맑음, 더위, 건조한 공기
성질	조용하고 차분함	활발하고 적극적임
방향	아래로, 안으로	위로, 밖으로
기운	차갑고 부드러움	따뜻하고 강함
사람	여자	남자
인물 성향	세밀, 정확, 내향적	직관적, 외향적
사고방식	깊이 고민하는 편, 감성	직관적으로 결정
행동방식	조심스럽고 계획적	즉흥적이고 추진력 있음
말투	부드럽고 조용함	강하고 자신감 넘침
감정표현	내면에 감정 쌓아두는 편	감정 밖으로 드러내는 편
대인관계	소수와 깊이 교류	넓고 폭넓은 인간관계
문제해결	신중하게 계획 후 해결	빠르게 결단하고 실행
사주오행	금(金), 수(水)의 기운 음토: 기토, 미토, 축토	목(木), 화(火)의 기운 양토: 무토, 진토, 술토
일간	을(乙) 정(丁) 기(己) 신(辛) 계(癸)	갑(甲) 병(丙) 무(戊) 경(庚) 임(壬)

● 음양이 사주에 미치는 영향

사주에서 양(陽)이 강하면 성격이 직선적이고, 추진력이 강하지만 성급할 수도 있어요. 적극적이지만 남을 배려하는 면이 부족할 수도 있어요. 반대로 사주에서 음(陰)이 강하면 감성적이고 신중하지만, 너무 소극적일 수도 있고 배려심이 깊지만, 자기주장이 약할 수도 있어요. 사주는 음양의 균형이 잘 맞을 때 안정적인 흐름을 만들어요.

만약 음이 너무 많거나, 양이 너무 많다면 부족한 부분을 보완해 주는 것이 중요해요. 예를 들어, 너무 내성적인 사람은 적극적인 태도를 기르고, 너무 강한 성향의 사람은 부드러움을 배울 필요가 있어요. 또한 직명, 색상, 숫자, 그림 등으로 개운(開運)을 해주는 방법도 있어요.

결국, 음양은 서로 보완하며 조화를 이루는 것이 핵심이에요. 내 사주의 음양이 어떻게 구성되고 어떻게 흘러가는지를 알고, 부족한 부분을 채우는 것이 행복한 삶을 만드는 길이 될 수 있어요.

05

오행(五行),
다섯 가지 에너지로 보는 음양의 구분

사주의 오행(五行)은 목(木), 화(火), 토(土), 금(金), 수(水) 다섯 가지 요소를 말해요. 이 오행은 자연의 원리뿐만 아니라 사람의 성향, 관계를 설명하는 중요한 틀이에요.

목(木)은 도전과 성장, 화(火)는 열정과 표현, 토(土)는 안정과 균형, 금(金)은 규율과 결단, 수(水)는 지혜와 유연한 성향을 나타내요. 오행은 서로 돕기도 하고 견제하기도 하면서 조화를 이루어요. 사람마다 사주 8개 글자에 포함된 음양과 오행의 비율이 다르기 때문에 나만의 고유한 성격과 운명이 만들어지는 거예요. 만세력에서는 색상으로 오행을 구분하고 있어요. 만세력의 색상만 봐도 오행을 구분할 수 있어요.

● 오행 구분표

오행	목 (木)	화 (火)	토 (土)	금 (金)	수 (水)
색상	청색	적색	황색	흰색	검은색
상징	나무	불	흙	쇠, 바위	물
계절	봄	여름	환절기	가을	겨울
기질성향	도전과 성장	열정과 표현	안정과 균형	규율과 결단	지혜와 유연성

▪ 목(木): 도전과 성장

목(木)은 도전과 성장을 상징해요. 나무처럼 위로 뻗어가는 생명력을 나타내죠. 이 에너지는 끊임없이 도전하고 성장하려는 강한 의지가 있어요. 비유하자면, 어린 새싹이나 큰 나무처럼 끊임없이 발전하고 성장하는 모습이죠.

▪ 화(火): 열정과 표현

화(火)는 열정과 표현을 상징해요. 불처럼 뜨겁고 밝은 에너지를 가지고 있죠. 이 에너지는 따뜻하고 활발하며, 밝은 기운을 발산해요. 열정적이고 적극적인 성향을 나타내죠. 비유하자면, 태양처럼 세상을 환히 밝히는 에너지예요.

■ 토(土): 안정과 균형

토(土)는 안정과 균형을 상징해요. 땅처럼 든든하고 포용적인 에너지를 가지고 있죠. 이 에너지는 목화와 금수를 연결하고 균형을 잡아주는 역할을 해요. 안정적이고 신뢰를 주는 성향을 나타내죠. 비유하자면, 모든 것을 품는 넓은 대지와 같은 존재예요.

■ 금(金): 규율과 결단

금(金)은 규율과 결단을 상징해요. 금속처럼 단단하고 날카로운 에너지를 발산해요. 강인하고 목표 지향적인 에너지를 나타내죠. 규율을 잘 지키고 결단력 있고 질서를 중시하는 성향을 나타내죠. 비유하자면, 바위나 강철, 보석처럼 단단하고 명확한 기운이에요.

■ 수(水)는 지혜와 유연성

수(水)는 지혜와 유연성을 상징해요. 물처럼 흐르고 변화하는 에너지를 가지고 있죠. 유연하고 감정을 깊이 이해하며 직관력이 뛰어나요. 지혜롭고 감성적인 성향을 나타내죠. 비유하자면, 강물처럼 모든 것을 부드럽게 채우는 에너지예요

음양(陰陽)은 세상의 모든 에너지와 현상을 설명하는 가장 근본적인 원리예요. 낮과 밤, 밝음과 어둠, 태양과 달처럼 서로 대립적이면서도 조화를 이루는 원리죠. 음양은 세상을 나누고 이해하는 가장 기본적인 틀이며, 모든 에너지의 근본이 돼요. 이 음양을 오행으로 구분할 수 있어요.

● 오행과 음양의 관계

세상 만물은 음(陰)과 양(陽)이라는 두 가지 기운으로 이루어져 있음을
앞에서 설명했어요. 이 음양의 원리를 바탕으로, 다섯 가지의 기운이 세
분되면서 목(木), 화(火), 토(土), 금(金), 수(水)가 만들어졌어요. 즉, 음양이
라는 큰 틀 안에서 오행이 나뉘고, 오행도 다시 음과 양으로 세분되죠. 오
행은 단순한 다섯 가지 요소가 아니라, 자연의 흐름과 생명력을 설명하는
중요한 개념이에요.

● 음양과 오행의 기본 원리

오행은 크게 양(陽)의 기운과 음(陰)의 기운으로 나뉘어요. 양(陽)의
기운은 바깥으로 뻗어나가고 팽창하는 에너지를 의미하며 오행에서는
목(木)과 화(火)의 기운이 해당돼요. 음(陰)의 기운은 안으로 모이고 수축
하는 에너지로 금(金)과 수(水)의 기운이에요. 토(土)는 음과 양을 연결하고
균형을 잡아주는 기운이에요. 하지만 음양의 기운은 고정적인 것이 아니
라 유동적이고 상대적인 것이죠.

오행은 다시 음과 양으로 세분되어 10개로 나뉘고, 이를 십성(十星)이
라고 해요. 하나의 오행 안에도 양적인 속성과 음적인 속성이 공존해요.
음양은 상대적인 개념이라 음과 양을 명확하게 구분하기 어려운 부분이
있어요.

예를 들어, 목(木)이라는 오행은 양의 기운을 갖지만, 그 안에서 갑목(양목)과 을목(음목)으로 음과 양의 목으로 나누어져요. 마찬가지로, 화(火), 토(土), 금(金), 수(水)도 각각 양과 음으로 세분되며, 이 에너지들은 각기 다른 특성과 역할이 있어요.

목 (木)	화 (火)	토 (土)	금 (金)	수 (水)
양의 기운		음양 연결	음의 기운	
갑목 을목 병화 정화		무토 기토	경금 신금 임수 계수	
양목 음목 양화 음화		양토 음토	양금 음금 양수 음수	

목(木): 갑목(양목)과 을목(음목)

화(火): 병화(양화)와 정화(음화)

토(土): 무토(양토)와 기토(음토)

금(金): 경금(양금)과 신금(음금)

수(水): 임수(양수)와 계수(음수)

자신의 사주를 살펴보면, 각 오행(목·화·토·금·수)과 음양의 기운이 어떻게 분포되어 있는지 알 수 있어요. 먼저 만세력에 나타난 내 사주의 색상이 어떤 색상이 많은지 한 번 살펴보세요.

목화(木火)는 초록색(청색)과 붉은색(적색)으로 나타나요.

사주에 초록색과 붉은색이 많은 사람은 양의 기운이 강해서 활달하고 적극적인 성향을 나타내요. 양의 기운이 많으므로, 추진력과 열정이 넘치며 무슨 일이든 시작을 잘하고 리더십이 강한 경우가 많죠. 그러나 너무 양의 기운이 많으면 다소 조급하거나 과감한 성향이 될 수 있으므로, 주의가 필요해요.

토(土)는 황토색(황색)으로 나타나요.

토는 목화(양)와 금수(음)를 연결하며 균형을 잡아주는 에너지에요. 이런 사람은 균형과 조화를 이루는 중산적 성향이 강해요. 한쪽으로 치우치지 않으며 안정적이고 신뢰감을 줘요. 다양한 상황에 유연하게 적응해 조화로운 인간관계를 만드는 데 능숙해요.

금수(金水)는 만세력에 흰색과 검은색으로 나타나요.

흰색과 검은색이 많으면 이 사람은 음의 기운이 많아서 차분하고 섬세하며 내향적인 성향을 보여요. 신중하게 생각하고 감정을 깊이 이해하며, 안정감을 중시해요. 하지만 음의 기운이 너무 강하면 소극적이거나 지나치게 조심스러운 성향이 될 수 있어요.

사주를 볼 때 가장 중요한 것은 음양과 오행이 조화를 이루는가를 살펴보는 거예요. 사주에 음이 너무 많으면 소극적이고 우유부단해질 수 있고 양이 너무 많으면 급하고 강한 성향이 되어 조화롭지 않을 수 있어요.

사주의 음양과 오행만 이해해도 내가 왜 이런 성향을 가지고 있는지, 그리고 내 주변 사람들의 성향이 어떤지 더 잘 이해할 수 있어요. 흔히 사람은 쉽게 변하지 않는다고 하잖아요. 사주를 알면 그 사람의 '타고난 기질이 그런 사람이었구나', '그래서 그렇게 행동한 거였구나'하고 사람이 보여요. 이에 따라 상대를 자연스럽게 받아들이고, 서로를 더 깊이 이해할 수 있게 돼요.

인생의 희로애락은 흐르는 운에 따라 달라지지만, 사주는 마치 바코드처럼 태어날 때부터 성향과 기질이 어느 정도 정해져 있어요. 그렇기에 사주를 알면 자신의 타고난 기질을 이해하고, 운의 흐름에 맞춰 더 현명한 선택을 할 수 있어요.

🔷 오행이 나타내는 속성 분류

구분	木(仁)	火(禮)	土(信)	金(義)	水(智)
음양	양	양	음양 연결	음	음
천간	甲, 乙	丙, 丁	戊 己	庚, 辛	壬, 癸
지지	寅, 卯	巳, 午	辰戌丑未	申, 酉	亥, 子
성향	도전적	열정적	안정적	단호함	유연함
오덕	인(仁)	예(禮)	신(信)	의(義)	지(智)
일반 특성	도전 성장 성급함	열정 표현력 다혈질	안정 균형 고집	규율 결단력 냉정함	지혜 유연성 우유부단
정서	분노	기쁨	근심	슬픔	두려움
계절	봄	여름	사계의 환절기	가을	겨울
인생	유년기	청년기	중년기	장년기	노년기
방향	동	남	중앙	서	북
색상	청색	적색	황색	백색	흑색
수리	3, 8	2, 7	5, 10	4, 9	1, 6
건강	간, 담 골격	심혈관, 정신과	비장 위장 피부,	호흡기, 대장 폐.	신장, 생식기

06

상생(相生)과 상극(相剋),
운명의 균형을 이루는 원리

오행(五行)에는 상생과 상극의 원리가 있어요. 상생은 자연스럽게 끌리는 관계, 상극은 부딪히지만, 성장하는 관계를 의미해요. 사람의 성격과 기질, 그리고 관계의 흐름을 이해하는 데 상생과 상극은 아주 중요한 역할을 해요. 사주에서는 상생과 상극의 개념을 이해하고 있어야 해요.

나와 상대의 관계가 상생의 관계인지 상극의 관계인지를 이해하는 것은 정말 중요해요. 상생은 오행도를 보면 목화토금수로 이어져 있는데, 바로 옆에 있는 것은 '생한다(상생)'라고 표현하고, 하나 건너 있는 것은 '극한다(상극)'이라고 표현해요.

<오행도> 상생과 상극의 원리

● 도와주는 상생(相生)의 원리

상생은 오행(목화토금수)이 서로 도우며 조화를 이루는 관계예요. 각 요소가 다음 요소를 돕거나 키우며 순환해요.

목생화 → 화생토 → 토생금 → 금생수 → 수생목의 순서로 순환하는 것을 상생한다고 해요.

예를 들어 사주에 화(火) 오행이 많은데, 옆에 목(木)이 있어 목생화로 화를 생해 주면, 화가 너무 과도해져서 그것으로 인한 문제가 발생할 수 있겠죠. 반면, 사주에 화(火) 오행이 없어서 힘이 약한데 목(木)이 목생화 하여 화(火) 오행을 생해 주면, 그때는 도움이 되겠죠. 상생은 그런 원리 라고 보시면 돼요.

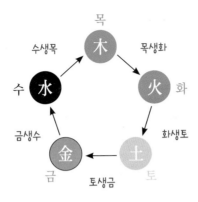

목(木)은 화(火)를 도와 불이 잘 타오르게 하고,   (목생화)

화(火)는 토(土)를 만들어 땅을 비옥하게 하며,   (화생토)

토(土)는 금(金)을 품어 바위나 금속을 생성하고,   (토생금)

금(金)은 수(水)를 만나 바위속에서 물을 생성하고, (금생수)

수(水)는 목(木)을 키워 나무가 자라게 해요.   (수생목)

이처럼 순환하며 성장하는 에너지가 상생의 본질이에요.

● 제어하는 상극(相剋)의 원리

상극은 오행이 서로 억제하거나 제약하며 균형을 맞추는 관계예요. 충돌을 통해 과도한 힘을 억눌러줘요.

목극토 → 토극수 → 수극화 → 화극금 → 금극목의 순으로 극한다고 해서'상극'이라고 해요.

예를 들면 한 가지 오행이 과도하게 많은데, 이를 누르고 제어하는 오행이 있으면 도움이 되겠죠. 토(土)가 과도하게 많아 힘들 때 목(木)이 토를 제어해 (목극토) 주면 토의 힘이 약해지는 원리예요.

　예를 들어 아버지가 힘이 세고 고약한 성격인데 아들이 성장하여 아버지를 제어하게 되면 아버지가 힘이 빠지고 못 쓰는 원리라고 하면 이해가 될 거예요. 힘이 과할 때는 극(剋)을 해주면 좋겠죠.

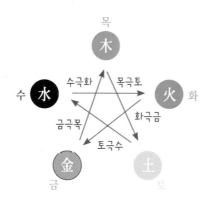

목(木)은 토(土)를 뚫고, 땅을 지배하며,　　　　　　(목극토)

토(土)는 수(水)를 막아, 물의 흐름을 제어하고,　　　(토극수)

수(水)는 화(火)인 불의 에너지를 약화시키고,　　　　(수극화)

화(火)는 금(金)을 녹여, 금속을 제련하며,　　　　　(화극금)

금(金)은 목(木)을 자르며, 나무의 성장을 제어해요.　(금극목)

상생이 항상 좋은 것, 상극이 나쁜 것이라는 개념은 버려야 해요. 기운이 많을 땐 상생하여 더 보태는 것보다 조절이 필요하고, 부족할 때는 보완해 주는 것이 좋아요. 상극은 지나친 기운을 조절해 주는 역할을 하므로, 오히려 균형을 잡아주는 긍정적인 요소가 될 수도 있어요.

07

천간(天干),
하늘이 들려주는 운명의 메시지

천간(天干)은 하늘의 기운을 나타내며, 사람의 기질과 사고방식을 상징하는 중요한 요소예요.

천간은 갑(甲), 을(乙), 병(丙), 정(丁), 무(戊), 기(己), 경(庚), 신(辛), 임(壬), 계(癸) 10천간으로 이루어져 있으며 오행과 음양으로 나뉘어요. 천간에는 일간(日干)이라고 불리는(일간: 태어난 날의 천간) 개인의 핵심적인 기질을 결정하는 중요한 요소가 포함되어 있어요. 천간과 지지는 음양오행을 나타내는 것이기 때문에 갑목(甲木), 을목(乙木), 병화(丙火) 정화(丁火), 무토(戊土), 기토(己土), 경금(庚金), 신금(辛金), 임수(壬水), 계수(癸水)와 같이 오행을 함께 불러야 정확하게 이해할 수 있어요.

● 10개의 천간으로 알아보는 기질

오행	음양 구분		기질 이해
木 도전과 성장의 에너지	갑목 (甲)	양목	· 큰 나무처럼 강하고 직선적임 · 도전하고 성장하고자 하는 열망이 강함
	을목 (乙)	음목	· 풀이나 덩굴처럼 섬세하고 유연함 · 현실적, 실리적이며 생활력이 강함
火 열정과 표현의 에너지	병화 (丙)	양화	· 태양처럼 뜨겁고 강렬한 에너지 · 자신을 드러내고 싶어하며 표현을 잘함
	정화 (丁)	음화	· 촛불처럼 은은하고 부드러운 에너지 · 섬세하고 내면적인 성향이며 희생 정신이 있음
土 안정과 균형의 에너지	무토 (戊)	양토	· 단단한 대지처럼 듬직하고 안정적임 · 신뢰를 주며 치우치지 않는 중용 정신이 있음
	기토 (己)	음토	· 부드러운 흙처럼 유연하고 세심함 · 타인과 균형을 맞추고 실리적임
金 규율과 결단의 에너지	경금 (庚)	양금	· 강철처럼 단단하며, 결단력이 있음 · 규율을 지키고 추진력을 가짐
	신금 (辛)	음금	· 정교한 보석처럼 섬세하고 깔끔 · 완벽을 추구하고 자만심이 강함
水 지혜와 유연한 에너지	임수 (壬)	양수	· 넓고 깊은 바다처럼 탐구 정신이 강함 · 지혜롭고 부드럽고 유연함
	계수 (癸)	음수	· 고요한 빗물처럼 섬세하고 지혜로움 · 따뜻한 성정이며 내면을 중시함

♠ 양팔통(陽八通) vs 음팔통(陰八通)

양팔통과 음팔통은 사주의 기운이 모두 양이나 음으로 이루어진 경우를 말해요. 양팔통과 음팔통은 한 쪽으로 치우친 사주인 관계로 균형과 조화를 맞추는 것이 중요해요. 남자는 원래 양(陽)의 기운인데 양팔통이면 사나울 수 있고, 여자는 음(陰)인데 양팔통이면 사회적으로 성공할 수 있는 기운이에요. 천간과 지지의 음양의 개수로 알 수 있어요.

남자 양팔통	장점	· 독립적이고 결단력이 강함 · 자신의 뜻을 굽히지 강력한 카리스마가 있음
	주의	· 고집이 세고 타인의 의견을 무시 · 지나친 자기주장이 타인과의 마찰로 일어남 · 욱하는 기운이 있고 술 마시면 폭력적일 수 있음
여자 양팔통	장점	· 자기주장이 강하고 현실적이며 주체적인 성향 · 남성 못지 않은 리더십과 추진력
	주의	· 강한 성격이 갈등을 유발할 수 있음 · 추진력이 너무 강하고 남자를 무시할 수 있음
남자 음팔통	장점	· 감성적이고 배려심이 많아 관계를 중시 · 여성처럼 부드럽고 온화한 성정
	주의	· 타인에게 의존하거나 감정에 휘둘릴 수 있음 · 너무 깐깐하고 실리적임 여성적인 성향
여자 음팔통	장점	· 온순하고 따뜻하며 조화로운 관계를 중시
	주의	· 자기 희생이 지나쳐 주체성이 없음 · 배려가 지나치고 너무 소극적임

08

일간(日干),
나를 대표하는 본질적인 에너지

일간(日干)은 사주에서 나 자신을 대표하는 가장 중요한 요소예요. 태어난 날의 천간(天干)을 의미하며, 타고난 기질과 성향을 결정하는 핵심이에요. 또한, 일간을 기준으로 나머지 사주 일곱 글자를 해석하기 때문에 사주를 볼 때 가장 먼저 살펴봐야 하는 요소예요. 일간은 크게 양간(陽干)과 음간(陰干)으로 나뉘며, 양간을 가진 사람과 음간을 가진 사람은 각각 다른 특성을 보여요.

양간(陽干): 갑(甲), 병(丙), 무(戊), 경(庚), 임(壬)
음간(陰干): 을(乙), 정(丁), 기(己), 신(辛), 계(癸)

갑(甲) 병(丙) 무(戊) 경(庚) 임(壬)

일간(日干)이 양간

을(乙) 정(丁) 기(己) 신(辛) 계(癸)

일간(日干)이 음간

◆ 일간이 양간(陽干)의 기질: 강한 추진력과 리더십의 원천

갑(甲), 병(丙), 무(戊), 경(庚), 임(壬)의 일간을 가진 사람들은 적극적이고 외향적이며, 결단력과 추진력이 강한 성향을 보여요. 활동적이며, 리더십이 뛰어나 목표를 향해 빠르게 나아가는 특징이 있어요. 하지만 이러한 성향이 때때로 직설적이거나 조급한 모습으로 나타날 수도 있어요. 자기 뜻을 강하게 밀어붙이는 경향이 있어 상대방의 입장을 고려하는 것이 중요할 수 있죠.

특히 일간이 양간이면서 목(木), 화(火)의 양 기운이 강한 경우는 양(陽)의 특성이 더욱 두드러져요. 이러한 사람들은 강한 에너지와 생동감으로 주변을 이끌어가지만, 때로는 신중함이 필요한 상황에서 속도를 조절하는 것이 필요할 수도 있어요.

◆ 일간이 음간(陰干)의 기질: 섬세함과 배려의 미학

을(乙), 정(丁), 기(己), 신(辛), 계(癸)의 일간을 가진 사람들은 내향적이고 섬세하며, 조화와 안정을 중시하는 성향을 가지고 있어요. 신중하고 사려 깊으며, 주변 분위기를 고려하는 특징이 있죠.

음간의 사람들은 감수성이 풍부하고 세심한 배려가 가능하지만, 때로는 소극적이거나 우유부단한 모습을 보일 수도 있어요. 결정을 내릴 때 신중한 편이라 빠른 판단이 필요한 상황에서는 망설이거나 주저하는 경향이 있을 수 있어요.

특히 일간이 음간이면서 금(金), 수(水)의 음 기운이 강한 경우는 음(陰)의 특성이 더욱 두드러져요. 감성이 깊고 직관력이 뛰어나지만, 때로는 내면의 생각이 많아 스스로를 제약하거나 감정을 쉽게 드러내지 않는 모습이 나타날 수도 있어요.

♠ 같은 병화(丙火) 일간, 다른 기질

	시주(時柱)	일주(日柱)	월주(月柱)	연주(年柱)
		나 (일간)		
천간(天干)		丙 (병)		

병화 일간의 기본 성향은 양간(陽干) + 양(陽)의 성질로 밝고 활발하며 표현력이 뛰어나요. 열정적이고 적극적인 성격으로, 리더십과 추진력이 강한 사람이 많아요.

태양(太陽)에 비유되며, 따뜻하고 정열적인 에너지를 가졌어요. 하지만 같은 병화 일간이라 하더라도 월지(月支)의 영향 (태어난 계절)과 사주 전체의 영향을 많이 받아요.

	시주(時柱)	일주(日柱)	월주(月柱)	연주(年柱)
		나 (일간)		
천간(天干)		丙 (병)		
지지(地支)		寅 (인) 필요 오행	子 (자) 월지: 겨울	

겨울(亥月, 子月, 丑月)에 태어난 병화(丙火)는 추운 겨울의 태양이므로 따뜻한 기운이 부족하여 차분하고 내성적인 면이 강할 수 있어요. 불을 더 키워줄 목(木)이나 화(火)의 기운이 도움이 돼요.

	시주(時柱)	일주(日柱)	월주(月柱)	연주(年柱)
		나 (일간)		
천간(天干)		丙 (병)		
지지(地支)		子 (자)	사 (巳) 월지: 여름	

여름(巳月, 午月, 未月)에 태어난 병화(丙火)는 한여름의 태양처럼 강렬하고 열정적이며, 에너지가 넘쳐나요. 지나치면 뜨거워져 주변을 태울 수도 있으므로 조절이 필요해요. 매우 뜨거운 사주로 해(亥)나 자(子)와 같은 수(水)의 기운이 필요해 이것을 조후용신이라 해요.

일간을 보고 성격을 판단할 수도 있지만 다른 7개의 글자(천간·지지)와 태어난 계절을 함께 고려해야 더 정확한 해석이 가능해요. 사주는 절기학이므로 계절의 영향을 크게 받는다는 점을 기억해야 해요.

● 일간(日干)과 일지(日支), 일주(日柱) 구분하기

사주에서 일간(日干)과 일지(日支), 일주(日柱)는 각각 다른 의미를 가지므로 정확히 구분해야 해요(년, 월, 일, 시).

일간(日干): 태어난 날의 천간(天干)

일지(日支): 일간 밑에 있는 지지(地支)

일주(日柱): 일간 + 일지, 즉 하나의 기둥(柱)을 의미해요.

예시 만약 일주(日柱)가 갑자(甲子)일주이면

일간(日干) = 갑(甲)

일지(日支) = 자(子)

일주(日柱) = 갑자(甲子), (일간 + 일지)을 말하는 거예요.

연간, 월간, 일간, 시간은 천간(天干)에 대한 의미예요.

연지, 월지, 일지, 시지는 지지(地支)에 대한 의미예요.

사주에서 자주 쓰이는 용어이니 꼭 익혀두세요.

09

지지(地支),
숨겨진 성향과 가능성의 열쇠

　지지(地支)는 단순히 12가지의 동물만을 상징하는 것이 아니라, 계절과 방향, 그리고 자연의 흐름을 담고 있어요. 지지는 땅의 열두 개의 기운으로 봄, 여름, 가을, 겨울 12달을 의미해요. 천간과 함께 사주팔자의 핵심을 이루는 중요한 요소예요. 지지는 계절의 변화와 생명의 흐름을 담고 있어요.

　예를 들어, '자(子)'는 쥐를 상징하며 겨울의 한가운데로 북쪽의 에너지를 의미하고, '오(午)'는 말을 상징하며 여름 한가운데와 남쪽의 뜨거운 기운을 나타내요.

지지는 십이지(十二支)라고 하며, 천간과 결합해 사람의 기질, 욕구, 심리, 성격, 운명의 흐름을 입체적으로 설명해 주고, 자연과 우주의 흐름을 우리의 삶에 연결해 주는 요소예요.

12 지지는 자(子), 축(丑), 인(寅), 묘(卯), 진(辰), 사(巳), 오(午), 미(未), 신(申), 유(酉), 술(戌), 해(亥)로 이루어져 있어요. 12 지지는 봄, 여름, 가을, 겨울 4계절로 구분할 수 있어요. 각 계절로 나눠 나타나는 기질을 간단하게 설명할게요. 지지 또한 음과 양으로 구분이 돼요.

12지지(띠)	음양	계절	기질
인(寅) 호랑이	양목	봄	· 강한 개척 정신과 도전 의식 · 정의롭고 신뢰받는 성향 · 고집과 자기주장이 강한 성향
묘(卯) 토끼	음목		· 유연한 사고력과 적응력 · 섬세한 배려와 조화로운 대인관계 · 우유부단하고 결단력이 부족
진(辰) 용	양토	환절기	· 성장과 변화를 상징 · 새로운 도전과 아이디어 많음 · 지나친 자신감과 조급함이 있음
사(巳) 뱀	양화	여름	· 강한 추진력과 열정적인 성향 · 빠른 판단력과 순발력 · 감정기복과 다혈질적인 면이 있음
오(午) 말	음화		· 외향적이고 에너지가 넘침 · 사람들과 쉽게 친해지고 사교적 · 충동적일 수 있어 신중함이 필요
미(未) 양	음토	환절기	· 겉은 부드러운듯 하지만 속은 열정과 의지가 있음 · 예술적 감각과 감수성이 풍부함 · 걱정이 많고 우유부단할 수 있음

신(申) 원숭이	양금	가을	· 신중하고 분석적인 성향 · 완벽주의적인 성향과 강한 자존심 · 냉정해 보이거나 타인에게 차가운 인상
유(酉) 닭	음금		· 세련되고 정확한 판단력 · 신중하고 논리적인 사고 · 완벽주의적 성향으로 예민할 수 있음
술(戌) 개	양토	환절기	· 믿음과 충성의 에너지 · 책임감 있고 신뢰받는 성격 · 융통성이 부족하고 완고할 수 있음
해(亥) 돼지	양수	겨울	· 직관력이 뛰어나고 깊은 사고를 함 · 포용력이 크고 유연한 성향 · 결단력이 부족하고 결정장애가 있음
자(子) 쥐	음수		· 지혜롭고 분석적인 사고력 · 적응력이 뛰어나고 유연한 성향 · 내성적이고 감정을 쉽게 드러내지 않음
축(丑) 소	음토	환절기	· 끈기 있고 현실적인 성향 · 성실하고 참을성이 많음 · 보수적이고 변화에 대한 저항이 있음

● 사람의 기질과 성향을 구분하는 주요 요소

지금까지 사주의 기본인 천간, 일간, 지지 등을 알아보았어요. 사람의 성향을 구분하는 주요 요소는 크게 세 가지 요소로 나눌 수 있어요.

첫째, 일간이 무엇인지 파악해야 해요. 일간이 양간(甲丙戊庚壬)일 경우 외향적이고 실행력이 강한 편이고, 음간(乙丁己辛癸)일 경우 내향적이며 섬세하고 조화를 중시하는 성향이 나타나요. 일간이 목화(木火)에 해당하는 일간인지 금수(金水)에 해당하는 일간인지도 중요해요. 토(土)는 목화와 금수를 연결하는 개념이에요.

둘째, 태어난 계절을 보세요. **월지는 매우 중요하고 태어난 계절에 따**라 오행의 기운이 다르게 작용해요. 월지가 봄이면 목(木)의 기운이 강해 성장과 자유로움을 추구하는 성향이 두드러져요. 여름이면 화(火)의 기운으로 열정적이고 활발한 성향이 강해요. 가을이면 금(金)의 기운이 강해 논리적이고 목표 지향적인 면이 두드러져요. 겨울이면 수(水)의 기운으로 유연하고 부드러운 성향으로 행동보다는 생각이 많아요. 토(土)는 계절과 계절을 연결하는 환절기에 해당해요. 월지가 인묘진(寅卯辰)에 해당이 되면 인묘(寅卯)는 봄의 계절이고 진(辰)은 봄과 여름을 연결하는 환절기라 봄의 기운과 여름의 기운이 다 있어요.

셋째, 사주에서 많은 오행이 무엇인지 살펴보세요. 사주에서 특정 오행이 많으면 그 성향이 강하게 나타나요. 목화(木火)가 많으면 성장과 변화를 추구하며 적극적이고 활동적인 성향이에요. 금수(金水)가 많으면 신중하고 논리적이며 직관적인 사고를 중시해요. 토(土)가 많으면 균형과 안정을 중요하게 여기며 조율하는 역할을 해요. 3부에서는 기질과 성향을 수치화하여 설명하고 있어요.

예를 들어 사주의 일간이 갑목(甲木), 을목(乙木)이거나 태어난 달을 의미하는 월지가 봄의 기운인 인묘(寅卯)월인 2월, 3월에 태어났거나 사주 원국에 목(木)이 3개 이상 있으면 이 사람은 목(木)의 기운이 강한 사람이라 할 수 있어요.

10

일지(日支),
배우자 운과 인연의 흐름

사주팔자에서 일지(日支)는 일간(日干) 바로 아래에 위치한 글자로, 나의 가장 개인적이고 중요한 부분을 나타내요. 일간이 '나'를 대표한다면, 일지는 내 내면의 성향, 감정 상태, 그리고 가장 가까운 관계, 특히 배우자와의 관계를 상징해요.

결혼 생활이나 배우자와의 관계를 사주에서 살펴볼 때, 일지는 중요한 단서를 제공하며, 나의 결혼운과 배우자에게서 기대하는 성향을 이해하는 데 도움을 줘요. 또한 삶의 우선순위가 어떤 것인가를 나타내서 성향 파악하는 데 중요하죠.

일지(日支)는 일간(日干)과의 상생(相生), 상극(相剋) 관계를 통해 내가 배우자와 어떻게 조화를 이루고 있는지 파악할 수 있어요. 예시 사주는 사주 丙申(병신) 일주에서 申(신)에 해당하는 것이 일지예요. 아직 십성을 배우지는 않았는데 이 사주의 일지는 병화를 기준으로 하면 신금은 십성이 편재에 해당해요. 나의 사주와 배우자의 사주 일지에 어떤 십성이 있는지 살펴보세요. 일지을 보면 배우자의 성향을 알 수 있는데 그 부분은 뒤에서 자세하게 설명할게요.

예시: 2020년 2월 23일(양력) 15:00 여자

	시주(時柱)	일주(日柱)	월주(月柱)	연주(年柱)
십성(十星)		나 (일간)		
천간(天干)		丙 (병)		
지지(地支)		申 (신)		
십성(十星)		편재 (일지)		

◆ 일지가 중요한 이유는 무엇일까요.

사주에서 일지(日支)가 중요한 이유는 크게 세 가지로 정리할 수 있어요.

■ 나의 근본(뿌리)

일지는 태어난 날의 지지(地支)로, 나의 내면과 근본적인 성향을 보여줘요. 마치 나무가 뿌리를 통해 영양을 받듯이, 일지는 내가 어떤 기질을 타고났는지를 결정하는 중요한 요소예요.

■ 배우자와의 관계

일지는 배우자궁이라고도 불러요. 즉, 결혼이나 연애에서 어떤 특징을 보이는지 알려주는 중요한 자리예요. 일지가 편안하면 배우자와의 관계도 안정적인 경우가 많고, 반대로 지지에 충(沖)이나 형(刑)이 많으면 관계에서 갈등이 생길 가능성이 커요.

■ 일상과 환경의 모습

일지는 내가 생활하는 환경을 의미해요. 가족과의 관계나 생활 방식, 집안 분위기 등을 보여주죠. 예를 들어 일지가 물(水)의 기운이 강하면 활동적인 환경보다 차분한 환경을 선호할 가능성이 높아요. 즉, 일지는 단순한 한 글자가 아니라 내 성향, 배우자와의 관계, 그리고 내 일상의 모습까지 모두 담고 있는 핵심적인 자리예요. 그래서 사주를 볼 때 일지를 어떻게 해석하느냐가 매우 중요해요.

11

월지(月支),
성향과 직업의 방향성

월지(月支)는 사주팔자에서 태어난 달의 지지(地支)를 의미하며, 사주 해석에서 매우 중요한 역할을 해요. 월지는 개인의 성격, 사회적 환경, 직업적 성향을 읽는 중요한 열쇠가 되며, 사주를 해석할 때 일간(日干)만큼이나 비중 있게 고려해야 해요.

사주는 절기학이자 조후학이라고도 불려요. 즉, 태어난 달의 계절적 특성을 반영하는 월지는 사주팔자의 기본 에너지를 결정하는 중요한 기준이 돼요.

	시주(時柱)	일주(日柱)	월주(月柱)	연주(年柱)
십성(十星)		나 (일간)		
천간(天干)		丙 (병)		
지지(地支)			寅 (인)	
십성(十星)			월지 (편인)	

⬟ 태어난 계절을 상징해요.

봄에 태어난 사람과 겨울에 태어난 사람은 성향이 달라요. 자신의 일간
이 병화(丙火)라 하더라도 여름 사오미(巳午未)에 태어난 병화라면 밝음과
열정의 에너지가 강렬하지만, 겨울 해자축(亥子丑)에 태어난 병화(丙火)는
여름에 태어난 병화와는 성향이 달라요. 그래서 어떤 계절에 태어난 일간
인지가 매우 중요하게 작용해요.

■ 봄에 태어난 사람 월지 (인(寅), 묘(卯), 진(辰): 2월~4월)

봄에 태어난 사람은 활기차고 도전적인 성향을 가지고 있어요. 새로운
시작을 좋아하고, 성장과 발전을 추구하는 경향이 강하죠. 감정 표현이

자유롭고 개방적이라 사람들과 잘 어울리면서 때때로 이상주의적인 면이 강해서 현실적인 부분에서 갈등을 겪을 수 있어요. 변화와 도전을 즐기며, 새로운 아이디어에 대해 열려 있어요. 다만 구체적인 실행력이 부족해 시작은 했으나 끝을 맺지 못하는 성향이 있어요.

■ 여름에 태어난 사람 월지 (사(巳), 오(午), 미(未): 5월~7월)

여름에 태어난 사람은 열정적이고 에너지가 넘치는 성향을 가지고 있어요. 리더십과 자기표현이 강하고, 카리스마가 넘치며 사람들에게 영향을 주는 경우가 많아요. 추진력이 뛰어나지만, 감정 기복이 심하고 때로는 과감한 결정이 후회로 이어질 수 있어요. 감정을 솔직하게 드러내는 편이라, 사람들과의 관계에서 더 가까워지기도 해요. 다만 때로는 냉정한 판단력이 부족할 수 있어요.

■ 가을에 태어난 사람 월지 (신(申), 유(酉), 술(戌): 8월~10월)

가을에 태어난 사람은 논리적이고 이성적인 성향을 가지고 있어요. 감정보다는 객관적이고 계획적인 사고를 중시하며, 현실적인 선택을 선호해요. 신중하고 세심한 성격이라 쉽게 변화보다는 안정적인 길을 택하는 경우가 많아요. 고집이 세고 완벽주의 성향이 있어 때때로 협동보다는 혼자 해결하려는 경향이 있어요. 감정 표현이 부족할 수 있으므로 냉정한 성향이 있어 인간미를 보완하는 것이 필요해요.

■ 겨울에 태어난 사람 월지 (해(亥), 자(子), 축(丑): 11월~1월)

겨울에 태어난 사람은 사색적이고 내면이 깊은 성향을 가지고 있어요. 자기 자신과의 시간을 중요하게 여기며, 독립적이고 차분한 성격을 지니고 있어요. 감정을 쉽게 드러내지 않고, 인내심이 강하여 침착하게 문제를 해결하려 해요. 외부의 자극보다는 자기 내면의 세계를 중시하는 경향이 있어요. 다만 생각이 많아 행동력이 떨어지며 사주에 수(水) 기운이 많으면 우울증을 조심해야 해요.

■ 환절기에 태어난 사람 월지 (진술축미 (辰戌丑未)

1월, 4월, 7월, 10월은 토(土)의 오행으로 계절과 계절 사이의 환절기에 태어난 사람을 말해요. 이들은 안정적이고 현실적인 성향을 가지고 있어요. 신중하고 균형을 중시하며, 감정을 잘 조절하고 냉정하게 결정을 내려요. 변화를 선호하지 않지만, 때로는 지나치게 고집을 부릴 수 있고, 자신을 잘 드러내지 않으니, 상대에게 답답함을 줄 수 있어요. 감정적인 면이 부족할 수 있으니, 유연성을 키운다면 더 발전할 수 있어요.

● 월지가 중요한 이유는 무엇일까요?

기본 성향과 사회적 모습을 알 수 있어요.

월지는 내가 태어난 달의 지지(地支)로, 사람의 기질과 성향을 결정하는 핵심 요소예요. 특히 사주에서 월지가 가장 강한 기운을 가진다고 보기 때문에, 사람의 성격을 이해할 때 일지보다 월지를 먼저 보는 경우가 많아요.

예시 월지가 목(木) 기운이면 봄의 기운에 해당하니 어린아이와 같은 순수한 마음이 있고 일을 시작하는 것에 망설임이 별로 없어요. 도전을 두려워하지 않지만, 마무리하는 기운은 부족해요.

직업과 사회적 역할을 알 수 있어요.

직업 직성을 분석하는 방법은 여러 가지가 있어요. 그중에서 월지로 직업을 파악하는 방법을 10정격이라 하고, 본 책에서는 10정격보다 오행과 십성으로 직업 적성을 분류하는 방법을 알아볼 거예요. 월지는 개인의 성격, 부모와의 관계, 그리고 직업과 사회적 역할까지 결정하는 중요한 자리예요. 사주를 볼 때 월지를 이해하면 그 사람이 어떤 환경에서 자랐고, 어떤 사회적 역할을 하게 될 가능성이 높은지 알 수 있어요.

12

십성(十星),
인간관계와 사회적 욕구

십성은 사주에서 가장 핵심적인 요소 중 하나지만, 처음 접하면 다소 복잡하게 느껴질 수 있어요. 가장 어렵게 느껴지지만, 가장 중요한 것이 십성이에요. 그리고 십성은 십신, 육친, 육신 등 여러 이름으로 불리지만, 이 책에서는 십성으로 통일했고 육친은 인간관계를 의미해요.

십성은 내 일간(갑을병정무기경신임계)을 기준으로, 다른 천간 및 지지가 어떤 관계를 맺느냐에 따라 정해지는 열 가지 성격 요소예요. 이 열 가지 요소는 심리, 인간관계, 사회적 욕구를 이해하는 중요한 단서가 돼요.

● 십성을 쉽게 이해하는 법

십성을 처음 배우면 어떻게 만들어지는지 원리가 궁금하지만, 복잡해서 어려울 수 있어요. 하지만 너무 어렵게 생각하지 마세요. 여러분은 만세력 앱을 이용하면 자동으로 십성을 확인할 수 있고, 먼저 각각의 십성이 어떤 특징을 가지는지 익히는 것이 더 중요해요. 십성의 원리를 깊이 있게 공부해도 좋지만, 처음에는 내 사주에 어떤 십성이 많은지, 어떤 특징이 있는지부터 알아보는 것이 좋아요.

● 십성의 구성

만세력 앱에서 사주를 보면 비견, 겁재, 식신, 상관, 정재, 편재, 정관, 편관, 정인, 편인이라는 단어가 나와요. 이게 바로 십성이에요. 십성은 단순한 성격 분석을 넘어 인간관계, 심리, 사회적 욕구까지 종합적으로 해석할 수 있는 핵심 개념이에요.

사주를 볼 때, 단순히 '나는 어떤 성격인가?'를 넘어서 '이번에 돈을 벌 수 있을까?', '승진 운이 좋을까?', '결혼할 가능성이 있을까?', '배우자와 궁합이 맞을까?', '부모복은 있나?' 같은 구체적이고 현실적인 고민을 해결하려고 보잖아요. 단순히 기질만 보는 것이 사주가 아니라 중요한 문제들을 결정하고 인생의 궁금증은 십성을 통해 분석할 수 있어요. 십성이 어떻게 구분되는지 예시 사주인 병화(丙火)일간을 기준으로 설명해 드릴게요. 사실 도표만 보고 십성의 구성 원리를 안다는 것은 어려운 일이에요. 십성은 일간을 기준으로 생극(生剋)의 원리를 적용하여 구성돼요.

예를 들면 병화일간은 병화(丙火)를 기준으로 하는 것이라 자신을 의미하는 병화(丙火)를 비견이라 불러요. 병화는 양(陽)의 화(火)니 나와 음양이 같은 양화(陽火)를 비견이라 해요. 천간에 병화(丙火)가 있다면 그것을 비견이라 하고 지지에서는 양화(陽火)인 사화(巳火)를 비견이라 해요. 즉 나와 음양오행이 같은 오행을 비견이라 하는 거예요. 그런데 오행이 같은 화(火)이긴 하지만 음양이 나와 다르면 이것을 겁재라고 해요. 음화(陰火)인 정화(丁火)와 오화(午火)가 겁재에 해당해요.

명리학을 강의하다 보면 이 부분을 어려워들 하세요. 여러분은 전문가가 아니니 만세력을 보시면 돼요.

예시: 2020년 2월 23일(양력) 15:00 여자

	시주(時柱)	일주(日柱)	월주(月柱)	연주(年柱)
십성(十星)	정인	나 (일간)	식신	편재
천간(天干)	乙 (을)	丙 (병)	戊 (무)	庚 (경)
지지(地支)	未 (미)	申 (신)	寅 (인)	子 (자)
십성(十星)	상관	편재	편인	정관

● 병화일간을 기준으로 십성이 생성되는 원리

구분	십성		일간 기준	음양
비겁 (火)	비견	병화(丙火) 사화(巳火)	나와 같은 오행	같음
	겁재	정화(丁火) 오화(午火)	나와 다른 오행	다름
식상 (土)	식신	무토(戊土) 진토(辰土) 술토(戌土)	내가 생하는 오행	같음
	상관	기토(己土) 미토(未土) 축토(丑土)	내가 생하는 오행	다름
재성 (金)	편재	경금(庚金) 신금(申金)	내가 극하는 오행	같음
	정재	신금(辛金) 유금(酉金)	내가 극하는 오행	다름
관성 (水)	편관	임수(壬水) 해수(亥水)	나를 극하는 오행	같음
	정관	계수(癸水) 자수(子水)	나를 극하는 오행	다름
인성 (木)	편인	갑목(甲木) 인목(寅木)	나를 생하는 오행	같음
	정인	을목(乙木) 묘목(卯木)	나를 생하는 오행	다름

◆ 10개의 (갑을병정무기경신임계) 일간별로 십성을 구분한 도표

일간별로 십성을 구분한 도표가 복잡해 보이지만, 자신의 일간만 대입해 보면 십성을 알 수 있어요.

일간	천지	비견	겁재	식신	상관	편재	정재	편관	정관	편인	정인
甲木	천간	갑	을	병	정	무	기	경	신	임	계
	지지	인	묘	사	오	진술	축미	신	유	해	자
乙木	천간	을	갑	정	병	기	무	신	경	계	임
	지지	묘	인	오	사	축미	진술	유	신	자	해
丙火	천간	병	정	무	기	경	신	임	계	갑	을
	지지	사	오	진술	축미	신	유	해	자	인	묘
丁火	천간	정	병	기	무	신	경	계	임	을	갑
	지지	오	사	축미	진술	유	신	자	해	묘	인
戊土	천간	무	기	경	신	임	계	갑	을	병	정
	지지	진술	축미	신	유	해	자	인	묘	사	오
己土	천간	기	무	신	경	계	임	을	갑	정	병
	지지	축미	진술	유	신	자	해	묘	인	오	사
庚金	천간	경	신	임	계	갑	을	병	정	무	기
	지지	신	유	해	자	인	묘	사	오	진술	축미
辛金	천간	신	경	계	임	을	갑	정	병	기	무
	지지	유	신	자	해	묘	인	오	사	축미	진술
壬水	천간	임	계	갑	을	병	정	무	기	경	신
	지지	해	자	인	묘	사	오	진술	축미	신	유
癸水	천간	계	임	을	갑	정	병	기	무	신	경
	지지	자	해	묘	인	오	사	축미	진술	유	신

십성을 제대로 이해하기 위해서는 3가지 관점에서 사주를 분석할 수 있어야 해요. 3가지 관점이란 인간관계, 사회적 욕구, 심리적 욕구예요. 구체적으로 살펴볼게요.

● 인간관계: 육친관계

십성을 통해 나와 비겁, 식상, 재성, 관성, 인성이라 하는 인간관계를 분석할 수 있어요. 나 자신을 포함하여 여섯 가지의 인간관계라 하여 육친이라고도 해요. 이 육친관계는 여성과 남성이 다르게 구분돼요.

십성		인간관계: 육친관계	의미
비겁	비견 겁재	일간 (나) 형제, 자매 친구, 동료, 경쟁자	나와 어깨를 나란히 하는 비슷한 서열의 존재
식상	식신 상관	여성) 자식 남성) 처가집	내가 키우는 존재 나의 아랫사람
재성	정재 편재	공통) 아버지 남성) 배우자 여성) 시어머니	내가 다스리는 존재
관성	정관 편관	여성) 배우자 남성) 자식	나를 다스리는 존재
인성	정인 편인	공통) 어머니	나를 보호하고 가르치는 존재 나의 윗사람

※ 비견과 겁재를 합쳐 비겁이라 해요. 식상, 재성, 관성, 인성도 마찬가지예요.

● 사회적 욕구(자신이 추구하는 욕구)

십성을 통해 사회 속에서 내가 추구하는 것이 무엇인지 알 수 있어요.

십성	사회적 욕구	의미
비겁	리더십 대인관계의 주도성	타인과의 협력
식상	창의적 활동과 사회적 영향력	활동성, 건강
재성	재물 성취, 부	수익창출 능력
관성	명예, 권위, 신뢰	사회적 신분, 직장
인성	학문과 전문성	학문적 능력, 문서, 특정 분야의 전문가(박사)

● 심리적 욕구

십성은 인간관계와 사회적 욕구에 관해서만 설명하는 것이 아니라, 심리적 욕구을 분석하는 데도 중요한 역할을 해요. 어떤 십성이 많은지, 적당한지, 없는지에 따라 심리적 욕구가 달라질 수 있어요. 십성의 성향을 파악하면 사주를 보고 그 사람의 성향과 기질을 파악하는 데 매우 유용해요.

십성	심리적 욕구	핵심 단어
비겁	독립 심리	주체적, 자율성, 경쟁심, 고집
식상	표현 심리	감성적, 창의적, 자유로움, 변덕
재성	현실 심리	돈과 성공에 대한 욕구, 탐욕
관성	규율 심리	규율, 책임감, 도덕성, 원칙, 경직
인성	탐구 심리	지적 호기심, 직관력, 배려, 소극적

각 십성이 어떤 성향이고 느낌인지 쉽게 설명해 볼게요.

십성	한마디로	성향
비견	주장이 강하고 독립적인 리더	·자기주장이 강하고 독립적인 성향 ·도전적이며 목표 의식이 뚜렷함 ·혼자 해결하려는 경향이 강함 ·경쟁심이 강하지만, 의리가 있음 ·협업보다는 개인적인 능력을 중시함 ·고집이 세고 협력하는 자세가 부족함
겁재	도전하고 경쟁심 강한 스포츠맨	·승부욕이 강하고 도전적인 성향 ·추진력이 뛰어나고 변화를 즐김 ·리더십이 강하며 주도적으로 행동함 ·즉흥적이고 감정적인 결정 ·너무 경쟁적으로 행동하면 관계에서 갈등
식신	정 많고 호기심 많은 연구원	·지적 호기심 강하고 깊이 있는 탐구 즐김 ·창의적이고 세심한 관찰력을 가짐 ·여유를 즐기며 삶을 풍요롭게 하려는 성향 ·신중한 성격이지만, 고민이 많음 ·자신의 재능을 펼치는 데 시간이 걸림

상관	재치 넘치고 기발한 해결사	·말재주가 뛰어나고, 자유로운 사고방식 가짐 ·논리적이며 설득력이 강하지만, 직설적인 표현이 문제될 수 있음 ·기존의 틀을 깨는 것을 좋아함 ·감각이 예민하고 성급한 판단, 신중함 필요 ·감정에 따라 말이 과해질 수 있어 신뢰를 잃을 위험이 있음
편재	한 방을 꿈꾸는 통큰 사업가	·대인관계가 넓고 기회 포착 능력이 뛰어남 ·현실 감각이 빠르고 직관적인 판단력 강함 ·새롭게 하고자 하는 일에 도전적 ·즉흥적인 성향이 있어 장기적인 계획 부족 ·재물에 관한 욕심으로 위험을 감수 ·금전 관리 약하고 모험적인 선택을 자주함
정재	현실적이고 정확한 실리주의자	·안정과 현실적인 이익을 중요하게 생각 ·신뢰받는 태도로 사람들에게 믿음을 줌 ·계획을 철저히 세우고 체계적으로 실행 ·지나치게 계산적이거나 융통성이 부족 ·구두쇠라는 소리를 들을 수 있음
편관	추진력과 결단력의 리더	·규율과 원칙을 중시하며 강한 추진력을 소유 ·결단력과 책임감과 의리가 뛰어남 ·목표 지향적이며 밀고 나가는 성향 ·유연성이 부족해 타인과 타협이 어려움 ·지나치게 엄격해 주변과 갈등을 빚기도 함
정관	공정하고 신뢰감 있는 관리자	·공정하고 신뢰할 수 있는 태도를 지님 ·바르고 성실하며 일탈하지 않음 ·사회적인 역할과 명분, 명예를 소중히 여김 ·체계를 중시하며 정리된 환경에서 안정감 ·지나치게 형식적이거나 융통성이 부족
편인	직감이 뛰어난 외골수 전문가	·혼자만의 시간이 필요하며 철학적 사고 ·직관과 통찰력이 뛰어나 예리한 관점 ·예술이나 학문에 대한 관심이 높음 ·독창적인 아이디어가 많음 ·음악, 문학 등 예술 분야의 장인들 ·현실 감각 부족으로 사회 부적응증 ·타인에게 무관심, 자신만의 세계가 뚜렷

정인	배려심 있고 따뜻한 선생님	·배려심이 많고 사람을 감싸주는 성향 ·학문과 배움에 관심이 많아 교육자적 기질 ·인내심 강하고 조용히 사람을 이끄는 능력 ·따뜻한 성품으로 신뢰를 주는 유형 ·지나치게 의존적인 모습을 보일 수도 있음

◉ 사주에서 십성과 오행의 차이점

오행과 십성에 대해 설명을 해드렸는데, 이 부분을 헷갈리시는 분이 많아요. 오행은 목(木), 화(火), 토(土), 금(金), 수(水)처럼 자연의 기본적인 에너지를 나타내요. 사람의 타고난 기질을 결정짓는 큰 틀이라고 할 수 있어요. 십성은 사람과 사람 사이의 인간관계(육친적 관계), 사회적인 욕구, 심리적인 욕구와 같이 오행보다 더 입체적으로 그 사람을 알 수 있는 힌트가 된다고 할 수 있겠죠.

예를 들어, 목은 자유로운 것을 추구하고 자신이 성장하고자 하는 성향을, 화는 열정적이고 에너지가 넘치는 성향을 나타내죠. 이렇게 오행은 사람의 기본적인 기질과 에너지를 나타내요. 십성 중 식신은 표현을 잘하고 감성적이며 여성에게 자식을 의미하고 사회적으로 활동하며 인정받으며 살아가고자 하는 욕구를 의미해요. 재성은 돈에 대한 욕망을 나타내고 남성에게는 배우자를 나타내요. 십성은 그 사람의 내면까지 파악할 수 있는 강력한 도구라고 할 수 있죠.

13

대운(大運)과 세운(歲運), 인생의 흐름과 변화 예측

사주를 보면 '대운'과 '세운'이라는 용어가 자주 등장해요. 이 둘은 우리의 인생에서 흐름과 변화를 읽어내는 중요한 도구예요. 쉽게 말해서 대운과 세운(=연운)은 우리 인생의 날씨 예보 같은 거예요. 이제 하나씩 살펴볼게요.

예시: 2020년 2월 23일 (양력) 15:00 여자, 대운의 흐름

나이 (대운수: 6 역행)									
96	86	76	66	56	46	36	26	16	6
식신	상관	편재	정재	편관	정관	편인	정인	비견	겁재
戊	己	庚	辛	壬	癸	甲	乙	丙	丁
辰	巳	午	未	申	酉	戌	亥	子	丑
식신	비견	겁재	상관	편재	정재	식신	편관	정관	상관

대운은 10년 단위로 변하는 큰 운세를 의미해요. 흔히 TV에서 '대운이 들어왔다'고 하면 좋은 운이 들어온 것처럼 생각하는 경우가 많은데 그렇지 않아요. 대운은 좋고 나쁨을 의미하는 것이 아니라, 인생에서 10년마다 큰 변화를 불러오는 흐름을 뜻해요.

'십 년이면 강산도 변한다'는 말처럼, 10년마다 바뀌는 대운의 흐름에 따라 인생의 방향도 크게 달라질 수 있어요. 대운이 변하는 시점(대운수)은 사람마다 달라요. 어떤 사람은 1의 단위(1, 11, 21세)로 대운이 바뀌고, 어떤 사람은 6의 단위(6, 16, 26세)로 바뀌기도 해요. 예를 들어, 대운수가 6이라면 6세, 16세, 26세… 이런 식으로 10년마다 새로운 흐름이 시작된다는 뜻이에요.

● 대운이 바뀌면 어떤 변화가 생길까?

사람마다 필요한 기운이 달라요. 예를 들어, 목(木)과 화(火)의 기운이 필요한 사람이라면, 대운에서 목(木)이나 화(火)의 기운이 들어오면 조화를 이루며 큰 발전을 이룰 수 있어요. 반대로, 화(火)의 기운이 약하고 수(水)의 기운이 너무 강한 사람이 대운에서 수(水) 기운을 만나면, 불(火)이 꺼지듯 어려움을 겪을 수 있어요. 사주는 균형을 이루는 것이 중요해요. 흐르는 운이 부족한 기운을 보충해 주면 좋은 운이 되고, 반대로 기운의 불균형을 더 심화시키면 불리한 운이 되는 거예요.

예를 들어 겨울에 태어난 사람은 따뜻한 기운 화(火)가 필요해요. 그런데 대운에서 오히려 겨울의 기운 해자축(亥子丑)이 들어오면 더욱 추워져 균형이 깨질 수 있어요. 이처럼 사주에서 나에게 도움을 주는 기운을 '용신(用神)'이라고 해요. 용신이 들어오면 힘들었던 사람이 편안해질 수도 있고, 반대로 용신이 사라지면 잘 나가던 사람이 어려움을 겪을 수도 있어요.

♠ 운의 흐름을 활용하는 방법

운이 좋을 때와 나쁠 때의 활용법을 알면 인생을 지혜롭게 설계할 수 있어요. 좋은 운이 들어오면 사업하는 사람이라면 적극적으로 확장하고 새로운 도전을 해도 좋아요. 좋지 않은 운이 들어오면 성급하게 확장하기보다 자신의 실력을 키우면서 때를 기다리는 것이 중요해요.

명리학(命理學)은 운명(運命)의 이치를 아는 학문이라고 했어요. 운명(運命)에서 대운과 세운은 운(運)에 해당한다고 보면 돼요. 명(命)은 사람이 타고난 기본적인 성향과 기질로 변하지 않고 고정된 사주 원국의 8개 글자를 의미해요. 그러니 명(命)을 알면 그 사람을 이해하게 되고 운(運)의 흐름을 알면 인생에서 중요한 순간을 더 현명하게 준비할 수 있게 되죠.

이 책은 사주 8개 글자를 통해 사람의 기질과 성향을 이해하는 데 초점을 맞추고 있어요.

● 대운과 세운의 차이점

대운(大運)과 세운(歲運)은 모두 운의 흐름을 나타내지만, 차이가 있어요. 대운은 10년 단위로 바뀌는 운으로 사람마다 달라요. 사람마다 대운 수가 달라서 대운이 시작되는 시점도 다르고, 흐름도 개인마다 다른 거예요.

세운은 모든 사람이 동일하게 적용돼요. 세운은 1년 단위로 바뀌는 운이에요. 예를 들어, 2025년은 을사년(乙巳年)인데 이 해의 기운은 모든 사람에게 동일하게 작용해요. 하지만, 각자의 사주와 대운과 조합되면서 개인마다 다르게 영향을 미쳐요.

쉽게 정리하자면 대운은 인생의 큰 흐름을 결정하는 10년 단위 운이고 세운은 그해의 변화를 나타내는 1년 단위 운을 말해요. 즉, 대운은 장기적인 운의 흐름, 세운은 해마다 변하는 기운을 뜻하는 거예요. 그래서 같은 해를 살아도, 사주원국과 대운이 다르니 사람마다 느끼는 변화가 다르게 나타나는 거죠.

● 운명은 정해진 것일까, 만들어가는 것일까?

이 책에서는 대운과 세운을 깊이 있게 분석하는 방법을 제시하기에는 한계가 있어요. 대운과 세운의 분석은 사주의 신강 신약, 용신 분석, 그리고 격국이나 합충형파해 같은 복잡한 요소들을 이해해야 해요. 이를 풀어 설명하려면 전문적인 명리서가 되어야 할 거예요. 그래서 이 책에서는 그 부분을 다루기보다는 대운과 세운에 대한 필자의 생각을 간단하게 말씀 드리고 싶어요.

이 책을 쓴 이유가 독자분들에게 희망과 위로를 드리고 싶은 마음에서 비롯된 것이에요. 운(運)이란 것은 고정된 것이 아니에요. 운(運)이라는 한 자는 흐를운(運)으로 흘러간다는 의미예요. 많은 사람들이 인생을 살면서 절망을 느끼는 이유는 자신에게 더 이상 희망이 없다고 느낄 때예요. 하지만 운명은 그 자체로 고정된 것이 아니에요.

사주 8개 글자는 내 인생의 바코드로 타고난 운명을 나타내지만, 흘러가는 운은 나의 의지와 선택에 의해 바뀔 수 있어요. 현재 나의 상황이 좋지 않다고 해서, 그것이 평생 지속될 것으로 자만해서는 안돼요. 과거에 유복했던 사람들이 항상 유복한 인생을 사는 것도 아니고, 어려운 환경에 처했던 사람들이 그 상황에 영원히 갇히는 것도 아니에요. 결국, 인생은 어떻게 살고, 어떤 사람들과 함께하느냐 하는 나의 선택에 의해 달라질 수 있어요.

2부

내 안에 숨겨진
60가지 코드

1

60갑자로 해석하는
운명의 본질

60갑자는 천간과 지지 두 가지 요소로 이루어져 있어요.

천간에는 갑(甲), 을(乙), 병(丙), 정(丁), 무(戊), 기(己), 경(庚), 신(辛), 임(壬), 계(癸)까지 10개의 글자가 있고, 지지는 자(子), 축(丑), 인(寅), 묘(卯), 진(辰), 사(巳), 오(午), 미(未), 신(申), 유(酉), 술(戌), 해(亥)까지 12개의 글자로 구성되어 있어요. 이 두 가지가 조합되면 총 60개의 조합이 만들어지고, 이 순환 주기가 끝나면 다시 처음으로 돌아가요. 그래서 한 바퀴를 돌아 다시 갑(甲)으로 시작된다는 의미에서 '환갑(還甲)'이라고 해요. 이렇게

60갑자가 반복되면서 시간은 흐르고, 그 안에서 사람마다 다른 운을 맞이하게 되는 거예요. 2025년 을사년(乙巳年)에 태어난 사람은 60갑자를 돌아 60년 후인 2085년에 환갑을 맞이하게 되겠죠.

🌸 사주팔자와 인생의 의미

인생은 완전한 상태로 태어나는 것이 아니라, 본래 결핍을 안고 시작되는 과정이에요. 흔히 '사주팔자'라고 하면 운명이 정해져 있다는 뜻으로 오해하기 쉬운데, 사실은 그렇지 않아요.

사주팔자는 주어진 요소 안에서 나만의 길을 찾아간다는 의미를 담고 있어요. 우리에게 주어진 요소는 천간 10개와 지지 12개, 총 22개 중 단 8개뿐이에요. 즉, 모든 것을 가질 수 없기에 부족함을 느끼며 살아가는 것이 자연스러운 거예요.

우리는 때때로 남들이 더 행복해 보이고, 내 인생만 불행하다고 느낄 때가 있어요. 하지만 겉으로는 다 가진 것처럼 보이는 사람도 저마다의 고민과 어려움을 안고 살아가요. 남의 삶은 행복하고 빛나 보이지만 그 이면에는 또 다른 무게가 존재하는 법이에요. 늘 타인과 나를 비교하며 스스로를 괴롭게 하기보다, 내가 타고난 기질과 성향을 깊이 이해하고, 주어진 삶을 가꾸어 나가는 것이 중요해요. 결국 인생은 주어진 팔자를 받아들이고, 그 안에서 나만의 가치를 찾아가는 여정이에요. 운명이 모든 것을 결정하는 것이 아니라 그 운을 어떻게 활용하느냐에 따라 삶의 방향이 달라져요.

이 책에서는 각자가 지닌 기질과 성향을 더 깊이 이해할 수 있도록 '일주론'을 다루려고 해요. 자신을 아는 것이야말로 삶을 주체적으로 만들어가는 첫걸음이니까요. 내가 이해되어야 비로소 타인도 이해할 수 있게 되니까요.

⬠ 60갑자표

갑자 甲子 1	을축 乙丑 2	병인 丙寅 3	정묘 丁卯 4	무진 戊辰 5	기사 己巳 6	경오 庚午 7	신미 辛未 8	임신 壬申 9	계유 癸酉 10
갑술 甲戌 11	을해 乙亥 12	병자 丙子 13	정축 丁丑 14	무인 戊寅 15	기묘 己卯 16	경진 庚辰 17	신사 辛巳 18	임오 壬午 19	계미 癸未 20
갑신 甲申 21	을유 乙酉 22	병술 丙戌 23	정해 丁亥 24	무자 戊子 25	기축 己丑 26	경인 庚寅 27	신묘 辛卯 28	임진 壬辰 29	계사 癸巳 30
갑오 甲午 31	을미 乙未 32	병신 丙申 33	정유 丁酉 34	무술 戊戌 35	기해 己亥 36	경자 庚子 37	신축 辛丑 38	임인 壬寅 39	계묘 癸卯 40
갑진 甲辰 41	을사 乙巳 42	병오 丙午 43	정미 丁未 44	무신 戊申 45	기유 己酉 46	경술 庚戌 47	신해 辛亥 48	임자 壬子 49	계축 癸丑 50
갑인 甲寅 51	을묘 乙卯 52	병진 丙辰 53	정사 丁巳 54	무오 戊午 55	기미 己未 56	경신 庚申 57	신유 辛酉 58	임술 壬戌 59	계해 癸亥 60

2

일주론,
나만의 타고난 기질을 읽는 법

일주는 두 글자(천간과 지지)로 이루어져 있어요. 첫 번째 글자인 천간(일간)은 하늘의 에너지로 기본적인 성격과 기질을 나타내고, 두 번째 글자인 지지(일지)는 내면 성향과 환경을 뜻해요.

예를 들어 갑자(甲子)일주를 살펴볼까요. 甲(갑)은 양목(陽木)의 기운으로, 강한 생명력을 가지고 도전하고 성장하려는 성향이 강해요. 갑목을 일간으로 가진 사람이라면, 대체로 이런 특징을 공통으로 갖고 있어요. 일지인 子(자)는 물(水)의 기운으로 지혜롭고 유연한 성향을 지니고 있어요.

즉, 갑자일주는 강한 추진력과 성장을 추구하는 갑목의 기운에, 지혜롭고 유연한 자수의 성향이 더해진 조합이라고 볼 수 있어요. 같은 갑목(甲木)이라는 일간을 가지고 있지만 일지의 조합에 따라 다른 성향이 나타나는 거예요. 그리고 일주 외의 여섯 글자가 더해져서 그 사람의 성향과 기질이 나타나는 거예요.

● 왜 일주론이 중요할까요?

일주는 단순한 조합이 아니라 나를 대표하는 기운을 의미해요. 일간(천간)은 나 자신을 뜻하고, 일지(지지)는 내가 살아가는 환경과 배우자를 나타내요. 즉, 일간(日干)과 일지(日支)가 합쳐진 일주(日柱)를 통해 성격뿐만 아니라 배우자와의 관계, 삶의 주요 특징까지도 파악할 수 있어요.

사람마다 다양한 성향이 있지만, 일주론에서는 특히 주의해야 할 부분을 중심으로 분석했어요. 강한 어조보다는 부드러운 표현을 사용하려고 했고, 직업과 관련해서는 특히 잘 맞는 일주만 강조했어요. 직업을 언급하지 않은 다른 일주는 진로, 적성 편을 참고하는 것이 더 도움이 될 거예요.

성향이 강한 일주는 마음 수양이 필요하다고 이야기했어요. 자신을 돌아보고 마음을 잘 다스리면서 살아간다면 더 편안하고 조화로운 인생을 만들어 갈 수 있을 거예요. 같은 일주라도 개인의 성장과 경험에 따라 다르게 발현될 수 있기 때문에, 자신을 이해하고 균형을 맞추는 것이 중요해요.

일주론을 통해 자신의 장점을 살리고, 부족한 부분을 보완하는 삶의 지혜를 얻을 수 있을 거예요.

● 일주론으로 사주를 다 알 수 있을까요?

사람의 운명은 사주팔자(四柱八字), 즉 네 기둥으로 이루어져 있다고
했죠. 따라서 일주의 한 기둥만 보고 모든 것을 판단할 수는 없어요. 일
주론은 사주를 해석하는 첫 번째 단계라고 할 수 있어요. 사주는 전체적
인 구성과 조화를 함께 살펴야 더욱 정확한 해석이 가능해요. 그렇기 때
문에 일주론만 가지고 판단하면, 어떤 사람은 자신과 맞지 않다고 느낄
수도 있어요.

같은 일주를 가진 사람도 나머지 여섯 글자와 대운과 세운의 변화에 따
라 다르게 살아가요. 주변 환경과 개인의 선택이 더해지면서 사주의 흐름
이 달라질 수 있어요. 사주는 단순히 정해진 운명이 아니라, 변화하는 흐
름 속에서 길흉화복을 해석해야 하는 것이에요. 일주론을 통해 기본적인
성향과 방향을 이해하고, 나머지 기둥과의 관계 속에서 더 깊이 있는 해
석을 하는 것이 중요해요.

결국 사주는 단순한 틀을 보는 것이 아니라, 자신을 이해하고 인생을
더 현명하게 살아가는 길을 찾는 과정이에요.

3

갑목(甲木)일간:
곧고 강한 큰나무,
도전과 성장의 에너지

갑목일간은 하늘을 향해 곧게 뻗은 큰 나무처럼 강한 생명력을 가지고 있어요. 강직하고 정직한 성품을 지니며, 목표를 향해 꾸준히 나아가는 도전 정신이 강해요. 새로운 일에 끊임없이 도전하며 성장하고자 하는 욕망이 큰 것이 특징이에요.

리더십과 추진력이 뛰어나 어려운 상황에서도 해결책을 찾으려는 책임감을 보여요. 하지만 고집이 세고 유연성이 부족할 수 있어, 타인의 의견을 수용하는 데 어려움을 겪기도 해요.

또한, 한 가지 목표에만 집착하는 경향이 있어 주변을 돌아보는 여유가 필요해요. 자신의 강인함에 따뜻함과 융통성을 더한다면, 갑목은 주변 사람들에게 신뢰받으며 큰 성취를 이루는 존재가 될 수 있어요. 인내와 조화로운 관계 형성이 갑목일간의 성장 비결이에요. 이는 갑목일간의 공통적인 특징을 나타낸 것이고 일간과 일지가 결합되어 자신의 성향이 선명하게 나타나게 돼요.

■ 갑자(甲子)일주(일지: 정인)

갑자일주는 60갑자의 첫 번째로, 리더십과 우두머리 기질이 뚜렷하고 장자의 역할을 자연스럽게 맡는 성향을 가지고 있어요. 책임감이 강하고 불굴의 의지를 지닌 사람으로, 조직에서 뛰어난 능력을 발휘할 수 있어요. 특히 학문, 공부, 자격증을 통해 교육사업이나 육영계통에서 큰 성과를 거두기 쉬우며, 한 가지 일에 집중하면 전문가로 성장할 수 있는 잠재력을 가지고 있어요. 하지만 고집과 자존심이 강해 조직과의 융화에 어려움을 겪을 수 있어요. 이 점만 극복하면 더 큰 성과를 이룰 수 있어요.

■ 갑인(甲寅)일주(일지: 비견)

갑인일주는 장남 장녀가 아님에도 장자의 역할을 자연스럽게 맡으며, 직진하는 성격으로 어려운 일도 단숨에 해결하는 능력자예요. 추진력과 결단력이 뛰어나고, 남에게 지는 것을 싫어해 항상 앞서 나가고자 하는 강한 성향을 가지고 있어요. 사교성이 좋아 집단의 장이 되거나 모임을 주도할 수 있으며, 집단에서 강한 존재감을 보여요. 자기 우월감이 강해 인정과 칭찬을 받는 것을 매우 좋아해요.

가정보다는 사회생활에서 더 능력을 발휘하는 타입이에요. 순수하고 여리지만, 욱하는 성격이 있어 이를 참지 못하면 일순간에 공덕이 무너질 수 있다는 점을 명심해야 해요.

■ 갑진(甲辰)일주(일지: 편재)

갑진일주는 재고귀인이라 하여 돈복이 있는 사람으로 재물과 관련된 분야에서 큰 성공을 거둘 가능성이 높아요. 외로움을 잘 타서 사람을 좋아하고, 활인(사람을 돕는 일)이나 종교적인 것에 관심이 많아요. 강한 기백을 가지고 있어 자신이 원하는 목표를 이루는 데 큰 능력을 발휘해요.

이 사람은 변화에 잘 적응하고, 청룡처럼 상황에 맞춰 능동적으로 대처하며 최고의 자리에 오를 수 있는 사람이에요. 재물이 모이면 자연스럽게 명예도 함께 추구하게 되고, 자신의 성공을 위해 끊임없이 나아가는 특징이 있어요. 배우자와의 관계에서 자신의 방식만 고집하지 않고, 상대방의 입장을 이해하려는 태도가 중요해요.

■ 갑오(甲午)일주(일지: 상관)

갑오일주는 성격이 강하고 진취적인 성향을 가지고 있어요. 자기 일을 통해 자신을 드러내는 일을 하면 더 성공할 수 있고, 전문 자격증을 갖고 전문 분야에서 성공하는 사람이 많아요. 직장인보다는 사업가 기질이 강하고, 언변술이 뛰어나며 리더십이 강해, 남 밑에서 일하는 것은 힘들어해요. 여성은 남편을 경시하는 경향이 있으니, 남편을 우선시해야 원만한 관계를 유지할 수 있어요, 남자 갑오일주는 여자를 조심해야 해요.

물을 자주 마시고, 분노 조절을 위해 명상이나 봉사 활동을 통해 스트레스를 관리하는 것이 좋아요. 집에 홀로 있으면 외롭고 우울감을 느껴요. 나이가 들면 책을 가까이 하고 공부하는 것이 건강에 도움이 돼요.

■ 갑신(甲申)일주(일지: 편관)

갑신일주는 강한 투쟁심과 자존심, 급한 성격을 가졌지만, 그만큼 기백이 있어 자수성가하는 대기만성형이에요. 재물보다는 명예를 추구하는 사람으로 활인업이나 군·검·경(군인 , 검찰, 경찰)과 같은 권력기관이 잘 맞아요. 사업보다는 공직에서 성공할 수 있는 잠재력을 가지고 있어요. 정의감이 강해 노동운동, 시민운동 등 약자를 돕는 일에 끌려 해요, 명분을 중시하며 보수적인 성향이에요.

배우자와의 관계에서 균형을 잘 맞추는 것이 중요해요. 명분을 중요하게 생각하고 보수적이지만 추진력이 강해요. 좋고 싫음에 관한 것이 분명한 성향으로 사람과의 관계를 너무 매정하게 끊어 버리지는 마세요.

■ 갑술(甲戌)일주(일지: 편재)

갑술일주는 다른 갑목일주와 비교하여 성격이 부드럽고 겸손하며, 앞으로 나서기보다는 조용히 뒷받침하는 스타일이에요. 돈에 대한 관념이 뚜렷하여 약간의 구두쇠 성향이 있을 수 있으니 적당히 베풀며 주위 사람들과 좋은 관계를 유지하는 것이 중요해요. 명예보다는 실리를 추구하며, 종교, 교육, 의약, 활인업과 같은 분야에서 큰 잠재력을 발휘할 수 있어요. 학교의 이사장이나 육영단체의 장도 많이 있어요.

남녀 관계에 있어서는 혼전임신의 가능성이 있으니, 피임을 잘하는 것이 중요해요. 사주에 수(水) 기운이 없으면 고독하고 외로움을 많이 타는 유형이에요. 물을 많이 마시며 수분을 보충해 주는 것이 건강에 좋아요.

4

을목(乙木)일간: 유연하고 섬세한 덩굴, 적응력과 협력의 힘

을목일간은 유연하고 부드러운 덩굴 식물이나 꽃에 비유돼요. 섬세하고 감성적이며, 상황에 적응하는 능력이 뛰어나 주변과 자연스럽게 어울릴 수 있어요. 사람을 배려하고 타인을 돕는 성향이 강해 인간관계에서도 따뜻하고 신뢰받는 모습을 보여요. 하지만 자신의 의견을 강하게 주장하지 못해 우유부단해 보이거나, 상황에 따라 쉽게 흔들릴 수 있는 면도 있어요. 또한 역마의 성향이 있어 가만히 있기보다 움직이며 변화를 즐기는 편이에요.

같은 목(木)이라도 양목인 갑목이 추진력과 리더의 성향이 강하다면, 음목인 을목은 생활력과 현실감각이 뛰어난 참모형이에요. 어디서든 끝까지 살아남는 강한 생명력이 특징이며, 꾸준함과 내적인 단단함을 길러 나가면 더 큰 성장을 이룰 수 있어요.

창의력과 감수성이 풍부해 예술적인 재능을 발휘하거나 사람들과 협력할 때 성과를 낼 가능성이 커요. 따뜻한 마음과 내적 의지를 조화롭게 갖추는 것이 성공하는 중요한 열쇠가 될 거예요.

■ 을축(乙丑)일주(일지: 편재)

을축일주는 묵묵히 자기 일을 해내는 사람으로, 강한 생명력과 인내심을 가진 대기만성형이에요. 여리고 약해 보이지만, 자갈밭에서도 뿌리내리는 야생화 같은 질긴 생명력으로 결국 큰 성취를 이뤄요. 생활력과 적응력이 뛰어나며, 어려운 환경에서도 억척같이 살아가는 힘이 있어요. 성격은 조용하고 차분하지만, 호불호가 분명하고 스케일이 크지 않아 실속을 챙기는 유형이에요.

감정 기복이 크고 원한을 쉽게 잊지 못하는 면이 있어, 마음의 안정을 유지하는 것이 중요해요. 기도나 수행을 통해 내면의 평화를 찾고, 흙과 가까운 삶을 지향하며 텃밭을 가꾸거나 자연과 교감하면 좋아요. 과한 욕심은 자신을 힘들게 할 수 있으니, 재물에 대한 집착은 줄이고 베푸는 삶을 살아야 주변의 도움과 운이 더 강해질 거예요.

■ 을묘(乙卯)일주(일지: 비견)

을묘일주는 깊은 뿌리를 내려 어떤 비바람에도 흔들리지 않는 강인함과 인내력을 가진 사람이에요. 이상이 높고 밝은 것을 추구하며, 식복이 풍부해 풍요로운 삶을 살아갈 가능성이 커요. 날씬한 몸매와 매력적인 외모를 가진 경우가 많으며, 여행이나 이사를 자주 다니는 역마성을 타고났어요. 움직이고 활동하면 건강과 운이 더 좋아지며, 병을 예방할 수 있어요.

3대 고집 중 하나로 꼽히는 을묘일주는 강한 성격과 고집이 있어요. 이는 배우자나 주변 사람들과 갈등을 일으킬 수 있으니, 유연한 태도를 가지는 것이 중요해요. 결혼은 늦게 하는 것이 유리하며, 연애 경험을 쌓거나 주말부부 형태를 고려하면 갈등을 줄일 수 있어요. 또한, 주변 사람을 너무 믿거나 금전적인 문제에 휘말리지 않도록 주의해야 해요. 고집을 줄이고, 시작한 일은 끝까지 마무리하는 습관을 기르는 것이 좋아요. 착하고 성실한 사람들과 교류하며 꾸준히 베푸는 삶을 지향하면 더 안정적인 인생을 만들어 갈 수 있어요.

■ 을사(乙巳)일주(일지: 상관)

을사일주는 똑똑하고 매력적인 외모를 가진 사람으로, 교육업, 학원 강사, 연구직 등에 잘 어울려요. 머리가 비상하고 언변이 뛰어나 남자들이 많은 직장에서도 두각을 나타낼 수 있어요. 부지런히 움직이고 활발한 대인관계와 활동을 하는 것이 성공과 건강에 유리해요. 언변술이 좋으니 말하는 직업이 좋아요.

인내심과 꾸준함으로 초지일관하는 자세를 가지면 성공할 수 있어요. 어머니와 공부를 가까이하면 운이 더 좋아져요. 맛과 멋을 아는 사람이지만 일관성을 가지는 것이 중요해요. 세상에 대한 호기심이 많아요. 주변의 이성에게 인기가 많아 이성 문제로 인한 구설수는 조심하는 것이 필요하고 늦게 결혼하는 것이 좋아요. 마음 수행만 잘하면 부와 명예를 가질 수 있어요.

■ 을미(乙未)일주(일지: 편재)

을미일주는 강한 뚝심과 리더십을 갖춰 조직에서 중심 역할을 잘 수행하며, 종교, 교육, 양육 등 남을 돕는 직업에 적합해요. 고집과 아집이 강한 편이라 욱하는 감정을 조절하는 것이 중요하며, 기도나 종교를 통해 어려움을 극복할 수 있어요. 재물을 모으는 능력이 뛰어나 부자가 많은 일주로 알려져 있으며, 한곳에 오래 머물면 답답함을 느낄 수 있어 여행이나 활발한 활동이 운을 열어줘요.

자연과 가까운 환경에서 편안함을 느끼며, 형제로 인한 아픔이 있을 수 있어요. 사주에 수(水)기가 없으면 물을 많이 마시는 것이 좋고, 당뇨와 조갈증에 유의해야 해요. 또한, 백화현상으로 머리가 일찍 하얘질 수 있으며, 결혼은 늦게 하는 것이 더 좋은 배우자를 만날 가능성이 커요.

■ 을유(乙酉)일주(일지: 편관)

을유일주는 예민하고 민감한 성향을 지녀 불안과 초조함을 느낄 수 있지만, 마음을 편안하게 다스리면 관계와 삶이 더욱 원만해질 수 있어요. 주변 사람들과 갈등이 생기기 쉬우나, 용서하고 화해하는 태도를 가지면 인간관계에서 긍정적인 변화를 얻을 수 있어요. 재능이 많고 반듯하지만 부부 사이에 갈등이 생길 가능성이 있어, 여유로운 마음가짐이 중요해요.

냉철하고 흑백논리가 강해 불의와 타협하지 않는 의협심이 있지만, 남을 탓하기보다 스스로 성격을 부드럽게 조절하는 것이 필요해요. 건강을 위해 독서나 수행 등 마음을 수양하는 습관을 들이면 평온한 삶을 유지할 수 있으며, 스트레스 관리에도 도움이 돼요. 스트레스로 인해 두통이 생길 수 있으니 무리하지 않는 것이 좋아요. 또한, 사업보다는 공기업이나 대기업과 같은 안정적인 직장 생활이 더 적합한 일주예요.

■ 을해(乙亥)일주(일지: 정인)

을해일주는 내면에 깊은 고민이 많지만, 타고난 재능과 매력을 지닌 사람이에요. 평화주의적인 성향을 가지고 있으며 감각과 영감이 뛰어나 종교, 상담, 예술 등 정신적인 직업이 잘 맞아요. 다만, 마마보이, 마마걸일 확률이 높아 결혼 후에는 부부가 독립적으로 가정을 꾸려가는 것이 좋아요.

가까운 사람과의 돈거래는 피하는 것이 바람직하며, 직장의 이동이 잦을 수 있어요. 특히 2025년 을사년(乙巳年)과 같은 사화(巳火)운에서는 일을 크게 벌이기보다 신중하게 움직이는 것이 중요해요. 재산 관리는 주식이나 코인보다는 부동산 투자로 안정성을 높이는 것이 유리하며, 동료와의 좋은 관계가 든든한 배경이 될 수 있어요. 또한, 건강관리에 신경 쓰고 보험을 활용해 위험에 대비하면 더욱 안정적인 삶을 만들어 갈 수 있어요.

5

병화(丙火)일간:
태양 같은 열정,
리더십과 영감의 원천

　병화일간은 밝고 강렬한 태양에 비유돼요. 따뜻하고 열정적이며, 주변을 비추고 활기를 불어넣는 에너지를 지닌 사람들이 많아요. 포부가 크고 리더십이 뛰어나 목표를 향해 끊임없이 나아가는 추진력이 강한 것이 특징이에요. 하지만, 태양이 너무 강렬할 경우 고집이 세고 독선적으로 비칠 수 있어요. 또한, 감정을 숨기지 못해 다소 직설적인 면도 있고, 쉬지 않고 타오르다 보면 번아웃에 이를 위험도 있어요.

병화일간은 구설수와 자신의 감정 조절을 잘하는 것이 중요해요. 열정과 균형을 유지하며 주변의 의견을 수용하는 유연함을 기르면, 병화일간의 따뜻한 빛이 더 멀리 퍼질 수 있어요. 목표를 향한 끈기와 다른 사람들과의 협력을 조화롭게 활용하는 것이 성공의 열쇠랍니다.

▪ 병자(丙子)일주(일지: 정관)

병자일주는 감정의 기복이 크고 양극단의 감정을 표현하는 특성이 있어요. 창의적인 기질이 강해 문화예술이나 연기 분야에 재능을 발휘할 수 있고, 사업보다는 공무원과 같은 안정적인 직장 생활이 더 좋아요. 감정적이고 즉흥적인 성향이 있어 실수나 사기에 주의해야 하며, 연애 경험을 많이 쌓으면 이성을 보는 눈이 길러질 수 있어요. 늦은 결혼이나 나이 차가 큰 결혼도 좋은 선택이 될 수 있어요.

룰과 법칙을 중시하며 원리 원칙적인 모범생 스타일이에요. 어머니의 덕이 중요한 일주이므로, 어머니와의 관계를 잘 유지하는 것이 복을 부르는 길이에요. 가족을 원망하기보다 감사하는 마음을 가지면 운이 더욱 좋아질 수 있어요. 이해타산적인 면이 강해 장자이지만 장자답지 않은 면이 있을 수 있으니, 베풀며 사는 자세를 가지면 더 큰 복을 얻을 수 있어요.

▪ 병인(丙寅)일주(일지: 편인)

병인일주는 현명한 지혜와 뛰어난 언변을 지녀 성공할 가능성이 높은 일주예요. 태양처럼 밝고 진취적인 성격을 가지고 있으며, 배움과 관련된 교육업이 잘 맞아요. 감정의 기복이 심해 다혈질적이거나 경솔한 모습을 보일 수 있으니 감정 조절이 중요해요. 효심이 깊어 어머니와의 인연이 깊으며, 어려운 일이 생기면 천우신조로 누군가의 도움의 손길이 있어 기회를 얻는 강한 운을 가지고 있어요.

재정적으로는 주식이나 코인보다는 부동산 투자가 더 안정적인 길이며, 꾸준한 노력 끝에 결국 성공을 거두게 돼요. 다만, 교통사고를 조심해야 하고, 이성 문제로 구설에 오를 수 있으니 신중한 처신이 필요해요. 형제와의 관계에서 지혜롭게 행동하고, 수입과 지출의 균형을 잘 맞춰 헛된 돈이 나가지 않도록 관리하는 것이 중요해요.

■ 병진(丙辰)일주(일지: 식신)

병진일주는 부지런하고 성격이 좋으며, 희생과 봉사 정신이 뛰어난 일주예요. 남을 돕는 데 적극적이고 베푸는 것을 좋아해 주변의 신뢰를 얻기 쉬워요. 참고 인내하면 큰 성공을 이룰 수 있는 잠재력을 지닌 스케일이 큰 사업가 사주예요.

태양처럼 밝고 진취적인 성향을 가지고 있지만, 겸손함이 부족하면 오만하다는 인상을 줄 수 있으니 주의해야 해요. 가족과의 관계에서는 형제간에 간섭을 줄이고 적당한 거리를 두는 것이 원만한 관계 유지에 도움이 돼요. 여성의 경우 남성을 무시하는 경향이 있을 수 있으며, 혼전임신 가능성이 있으므로 철저한 계획과 신중한 태도가 필요해요.

■ 병오(丙午)일주(일지: 겁재)

병오일주는 강한 개성과 끈기를 지닌 사람으로, 한 번 결심하면 끝까지 밀고 나가는 성향이에요. 자기주장이 뚜렷하고 또 하고 싶은 말을 가리지 않는 편이라, 대인관계에서 언어 표현에 주의하는 것이 좋아요. 자기 힘으로 성공할 운이 있지만, 급한 성격과 강한 에너지를 잘 조절해야 안정적인 삶을 살 수 있어요. 자존심이 강해 자존심이 상하는 것을 힘들어하고 남 앞에서 인정받는 것을 좋아해요.

활동적이고 열정적인 성격으로, 자신의 감정을 다스리기 어려운 면이 있어요. 가정보다 친구들을 더 좋아할 수 있으니 친구 간 금전거래는 피하는 것이 좋아요. 성욕이 강해 절제를 잘해야 하며 이를 실패하면 건강과 가정에 큰 영향을 미칠 수 있어요. 어머니와는 가능한 한 떨어져 사는 게 서로에게 좋아요. 일반직장은 잘 맞지 않으며 군·검·경과 같은 강한 직업이나 자신만의 자격증을 가진 기술직이 되면 편해요.

■ 병신(丙申)일주(일지: 편재)

병신일주는 똑똑하고 밝은 성격을 가졌으며 출세가 지상목표인 사람이에요. 정열적이고 다혈질인 성격으로 다재다능한 사람이에요. 겉은 밝아 보이지만 감수성이 예민하고 외롭고 쓸쓸한 마음이 있어요. 역마성을 이용한 큰 부자들이 많은 일주예요. 사교성이 좋고 이성에게 인기가 많아요. 젊은 시절 자기관리만 잘하면 부와 귀를 누릴 수 있고 대업 성취가 가능하고 자기 우월감이 강해 뽐내기를 좋아해요.

사업과 직장 생활 둘 다 맞고, 무역, 외교, 운수, 여행업도 잘 맞아요. 감독, 총괄과 같이 어떤 직책이 주어지면 최선을 다하는 사람이에요. 부부가 여행을 자주 다니면 부부 관계에 도움 돼요. 친구, 동료와 어울려 노는 것은 좋지만, 동업은 실패할 확률이 높으므로 절대 동업하지 않는 것이 좋아요.

■ 병술(丙戌)일주(일지: 식신)

병술일주는 성격이 급하고 직감과 영감이 뛰어나며, 다재다능한 성격을 가지고 있어요. 감정의 변화가 큰 사람이라 조울증과 공황장애와 같은 질환에 시달릴 수 있으니 늘 수(水) 기운과 가까이하는 게 좋아요. 태양의 열기만큼 자존심이 강한 일주이며 남녀 모두 결혼하지 않고 혼자 사는 사람이 많으며 종교나 활인업을 하는 사람도 많아요. 미래지향적인 성향이 있으며 강해 보이지만 마음이 외롭고 고독감을 잘 느껴요.

결혼하면 남편보다 자식을 우선시하는 경향이 있으니, 남편을 먼저 배려해야 한다는 생각을 늘 해야 해요. 정도 많고 종교나 활인업과 같은 무속신앙에도 관심이 많아요. 자신에게 이득이 생기지 않으면 주머니를 열지 않는 구두쇠 기질이 강하므로, 주변에 베풀면서 사는 것이 잘 사는 방법이에요. 머리가 영리해 공부로 성공하여 전문직으로 가는 것이 가장 최선이에요.

6

정화(丁火)일간:
은은한 달빛,
내면의 빛과 지혜로운 감성

정화일간은 부드럽고 은은한 불꽃, 즉 등불이나 촛불, 달에 비유돼요. 이들은 따뜻하고 친절하며 배려심이 깊은 성격을 지니고 있어요. 주변 사람들에게 희망과 위로를 주는 존재로, 세심하고 세련된 감각을 가진 경우가 많아요. 또한, 상황을 잘 파악하고 융통성이 뛰어나 조직이나 모임에서 중요한 역할을 맡는 경우가 많아요.

그러나 정화는 작은 불꽃이라 외부의 환경 변화에 쉽게 영향을 받는 경향이 있어요. 감정의 기복이 있을 수 있고, 자신의 능력을 과소평가하거나 주변에 지나치게 의존하기도 해요. 꾸준히 자기 신뢰를 쌓고, 내면의 힘을 키우는 것이 정화 일간이 성장하는 데 중요한 사항이에요. 부드러운 불꽃처럼 꾸준하고 안정적인 열정을 유지한다면, 주변과 함께 밝게 빛나는 삶을 살 수 있을 거예요. 예쁘게 말을 잘하고 연예인도 많은 일주예요.

■ 정축(丁丑)일주(일지: 식신)

정축일주는 한겨울에 촛불을 켜고 기도하는 모습으로, 어두운 시기에 기도와 인내로 어려움을 극복하는 힘을 가지고 있어요. 종교적이고 영적인 삶을 추구하며, 부유한 사람들도 많고 철학적인 면에 관심이 있는 사람들이 많아요. 대부업, 부동산업, 투기 등에서 큰 성과를 얻을 수 있으며, 의료업, 군·검·경, 활인업 등 전문직에 종사할 가능성이 커요. 공간지각 능력이 있고 아이디어가 많으며 기획력도 좋은 사람이에요.

남편보다 자식을 우선하며 자식에 대한 사랑이 넘쳐 집착으로 이어질 수 있어요, 이런 부분이 남편과의 갈등으로 이혼의 위험도 있을 수 있어요. 거짓이 없고 바른 사람이지만 감정의 기복이 심해 괴로워할 수 있으며, 정신적인 관리와 수행이 필요해요.

■ 정묘(丁卯)일주(일지: 편인)

정묘일주는 공부를 잘하는 성향이 있어, 늦게 시작한 공부에서도 성공할 가능성이 커요. 삶에 어머니의 영향이 매우 크니, 어머니와 떨어져 지내는 것이 좋아요. 마마걸, 마마보이 등이 많아요. 여행과 바깥 활동을 즐기며, 이사를 자주 다니고 일찍 독립할 수 있어요. 심리, 철학, 종교 등 교육이나 상담과 같이 혼자만의 전문직으로 일하는 것이 좋아요. 공부와 관련된 기운이 강하고, 유학이나 기숙사 생활을 하면서 배워나가는 성향이 있어요. 이곳저곳 옮겨 다니지 말고, 한 곳에서 끝까지 배우는 것이 중요하다는 점을 기억하면 성공할 수 있어요.

부부가 함께 여행을 자주 다니고, 같은 취미를 공유하는 것이 중요해요. 자연을 가까이하며 텃밭을 가꾸는 등 아름다운 숲에서 시간을 보내는 것이 부부 관계에 도움이 돼요. 부동산에 투자하는 것이 재물을 모으는 데 도움이 돼요.

■ 정사(丁巳)일주(일지: 겁재)

정사일주는 강한 화(火)의 에너지를 지닌 사람으로, 열정적이고 주도적인 삶을 살 가능성이 높아요. 감정이 솔직하고 표현이 강렬해 때로는 사람들에게 깊은 인상을 주지만, 화가 폭발적으로 표출될 수 있어 조화로운 감정 관리가 중요해요. 자기주장이 강하고, 자신이 할 말은 다 하며 한 번 화가 나면 끝장을 보려는 성격이 특징이에요. 승부욕이 강하며 배우자와 갈등할 수 있으니 늘 상대를 배려하는 태도가 중요해요.

건강적인 측면에서 심장질환이나 정신적인 질환에 주의해야 하며, 인생에 있어 감정 조절을 잘하는 것이 가장 중요해요.

■ 정미(丁未)일주(일지: 식신)

정미일주는 따뜻한 마음과 강한 주관을 지닌 사람으로, 부지런함과 근면함으로 어떤 일이든 성취할 수 있는 잠재력이 커요. 타고난 정과 배려로 주변 사람들과 좋은 관계를 맺으며, 전문성을 살려 학문이나 특정 분야에서 성공을 거둘 가능성이 높아요.

욱하는 성미와 말조심이 중요한데, 이는 감정적으로 폭발할 때 쌓아온 공덕을 잃을 수 있기 때문이에요. 배우자와의 관계에서는 불같은 성격을 다스리고 서로 신뢰를 쌓는 노력이 필요해요.

자식보다 남편을 먼저 배려하는 태도를 가지면 가정이 평온할 수 있어요. 물(水)의 기운을 보완하고, 술은 될 수 있는 대로 마시지 않는 것이 좋아요. 일반 직장보다 자율적이고 전문적인 분야가 맞아요. 공부해서 전문가가 되는 것이 좋아요. 여성은 꼭 자기 일을 가지고 활발하게 움직이며 살아야 성공할 수 있어요.

■ 정유(丁酉)일주(일지: 편재)

정유일주는 60갑자 중 복이 많은 일주로 알려져 있어요. 어려운 일이 있어도 귀인의 도움을 받을 가능성이 크며, 똑똑하고 지혜로운 성격 덕분에 교수나 교사 같은 교육 분야 또는 활인업이나 군·검·경과 같은 강한 직업이 좋아요. 재물복과 인기가 타고나 직장이나 모임에서도 주목받는 경우가 많고, 부모로부터 경제적인 도움이나 유산을 받을 가능성이 높아 안정된 삶을 살 확률이 높아요.

마음이 따뜻하고 자선을 베푸는 성향이 강한 것도 큰 장점이에요. 다만, 이성 문제로 인해 생활의 기복이 생길 수 있으니 주의해야 해요. 촛불을 밝혀 기도하는 형상이라 불교에 심취하는 사람이 많으며, 정유일주는 천을귀인인 귀한 일주인데, 해자시(亥子時)(21:30-01:30)에 태어나면 더욱 많은 복을 받을 수 있어요.

■ 정해(丁亥)일주(일지: 정관)

정해일주는 전생에 공덕을 많이 쌓은 복 많은 일주예요. 이 일주는 총명하고 사람들에게 사랑과 관심을 받으며 자라요. 미남, 미녀가 많고 인물이 뛰어난 경우가 많아요. 부부 금슬도 좋고, 장수하는 운을 가지고 있어요. 법이 없어도 살 정도로 순박한 모범생이며 타인에 대한 배려심도 높으며 보수적인 성향이 강해요.

또한, 성적 취향이나 이성 문제로 어려움을 겪을 수 있으니, 자기관리가 필요해요. 투기성 욕심이 강해질 수 있어서 일확천금에 욕심을 부리면 재물을 잃을 위험이 있어요. 성실한 노력보다는 빠르게 돈을 얻으려는 경향이 있으니 주의해야 해요. 정해일주 또한 천을귀인인 귀한 일주인데 해자시(亥子時)(21:30-01:30)에 태어나면 더욱 많은 복을 받을 수 있어요.

7

무토(戊土)일간: 흔들리지 않는 산, 안정감과 신뢰의 중심

무토일간은 튼튼한 산이나 넓은 대지에 비유돼요. 대지는 모든 생명의 뿌리와 기반을 제공하는 것처럼, 무토 일간은 안정적이고 실용적인 성향을 지니고 있어요. 이들은 책임감이 강하고, 실용적인 문제 해결에 능숙하며, 자신과 주변을 보호하려는 본능이 강해요. 어려운 상황에서도 끈기와 인내로 잘 버티고, 차분하고 성실한 성격을 갖고 있기 때문에 주변 사람들에게 신뢰를 주는 경우가 많아요.

무토일간은 고집스럽고 변화를 꺼리는 성향이 있어, 빠른 결정을 내려야 하는 순간에 결정을 못 해 후회하는 일이 발생할 수도 있어요. 감정 표현에 서툴러 무뚝뚝해 보여 주변 사람들이 답답해하는 경향이 있어요. 때로는 지나치게 현실적이고 물질적인 면에만 집중하는 경우가 있으니 넓은 시각에서 목표를 세운다면 그 힘은 더욱 빛을 발할 수 있어요.

■ 무자(戊子)일주(일지: 정재)

무자일주는 외형적으로는 알뜰하고 털털해 보이지만 숨겨진 재산이 많고 부자가 될 가능성이 큰 일주예요. 자녀와의 관계에서 어려움을 겪을 수 있으며, 유산이나 낙태 경험이 있을 수 있어요. 주변에서 인심을 잃지 않도록 재물에 대한 집착을 줄이고 베풀며 살아야 행복할 수 있어요. 마음이 불안하고 남의 눈치를 보게 되므로 마음을 편히 먹는 것이 중요해요.

장자가 아님에도 장자의 역할을 담당하는 경우가 많아요. 책임감이 강하며 실리적인 성향이에요. 말을 조심해야 하며, 남에게 상처를 주지 않도록 주의해야 해요. 자수성가를 위해 전문적인 자격증을 취득하고 자기 자신을 믿는 자세가 필요해요. 시작하는 것은 어렵지만 한번 시작하면 끝장을 보고자 하는 성향이 있어요. 인생이 무난하게 흘러가요.

■ 무인(戊寅)일주(일지: 편관)

무인일주는 복이 많은 일주 중 하나로, 큰 인물이 될 가능성이 커요. 무인의 기질이 있어 이순신 장군과 같은 인물처럼 강한 리더십과 카리스마를 발휘할 수 있어요. 학문적 재주가 뛰어나고 고시 합격도 할 수 있는 사람이에요. 주변에 늘 경쟁자가 있어 형제나 동료에게 자신의 성과를 빼앗길 수 있으니 조심해야 해요.

고집이 대단하여 자신의 주장이 강하다 보니 직장에서 부딪칠 수 있고 이로 인한 구설이 있을 수 있으니. 너무 고집부리지 말고, 살아가세요. 선민성이 강하고 자만심이 강하니 겸손한 자세가 필요해요. 감정의 기복이 있는 경우가 발생할 수 있으니 이럴 때 행동을 조심하고 소양을 쌓으면 존경받는 리더가 될 수 있어요. 법조인이나 공기업, 정치인, 고위공직자가 많은 일주예요.

■ 무진(戊辰)일주(일지: 비견)

무진일주는 강한 성격과 고집이 있으며, 리더십이 뛰어나지만 때로는 다른 사람과의 갈등을 겪을 수 있어요. 살면서 큰 위기를 겪을 수 있지만 어려움을 극복할 수 있는 강한 정신력과 책임감을 가진 강한 사람이에요. 재물과 관련해 형제나 다른 사람에게 빼앗길 가능성이 있으니 미리 양보하거나 장치를 마련해야 해요.

의리도 있고 배짱도 있지만 추진력과 자신감이 부족해요. 성공에 대한 욕망은 강하지만 융통성이 부족하니 마음을 넓게 가지는 것이 필요해요. 기세가 강하고 자기 원망이 강하여 자책하는 경우가 많아요. 그럴 필요 없어요. 돈을 벌어도 돈 관리가 안 되니 돈 관리를 아내에게 맡기고 돈보다는 명예를 좇아야 하는 사람이에요. 부부 간 갈등이 있을 수 있으니, 언행에 주의하고 명상을 통한 자기 수양이 필요해요.

■ 무오(戊午)일주(일지: 정인)

무오일주는 자유롭고 독립적인 성향을 가지고 있어요. 자신의 정열과 에너지를 일에 쏟아 성공할 가능성이 커요. 자기 주도적으로 행동하는 특성 덕분에 창의적이고, 독창적인 아이디어를 발휘할 수 있는 사람이에요. 살면서 모친의 영향력이 크고, 고부갈등으로 인한 어려움이 있어요. 수기(水氣) 부족으로 건강 문제가 있을 수 있으니, 알코올 중독을 조심하고 건강을 관리해야 해요.

위기 속에서도 희망을 찾는 긍정적인 마음가짐이 있기 때문에 어려움이 닥쳐도 꿋꿋이 헤쳐 나갈 수 있는 능력이 있어요. 일확천금을 노리지 말고, 때때로 감정 조절이 어려울 수 있으니 감정 조절에 유의해야 해요. 남편이 편안할 수 있도록 늘 배려해야 해요. 고집이 세고 고지식한 면이 있으니, 주변에 멘토를 두고 남의 말에 귀 기울이는 자세가 필요해요. 자기중심적이지 않도록 배려와 협력을 중요한 가치로 삼고 살아가면 좋아요.

■ 무술(戊戌)일주(일지: 비견)

무술일주는 자존심이 강하고 지도력이 뛰어나며, 공명심과 출세욕이 강해요. 어려운 상황에서도 절대 좌절하지 않고 성취를 이뤄낼 수 있는 일주예요. 직설적이고 용감한 성격 덕분에 신뢰를 얻고, 의리가 있어 마음을 주면, 끝까지 다 주는 성격이에요.

속마음을 숨기지 못하고 직설적인 표현으로 주변 사람들에게 말로 상처를 줄 수 있어요. 주색잡기나 알코올 중독에 빠질 위험이 있고, 감정 조절이 어려운 경우 정신적인 문제를 겪을 수 있어요. 남편이 의학이나 활인, 교육 계통에 종사하면 업상대체가 될 수 있으며 나이 차이가 크게 나는 결혼도 괜찮아요. 남자는 배우자에게 잔소리가 심하니 배우자 관계에 배려가 필요해요.

8

기토(己土)일간:
넉넉한 들판,
포용력과 실용적인 지혜

　　기토일간은 들판이나 텃밭에 비유돼요. 기토는 밭처럼 다양한 가능성을 품고 있으며, 실용적이고 신중한 성향을 지닌 사람들이에요. 기토일간은 근면, 성실하게 일을 처리하며, 인내심이 뛰어나고 안정적인 삶을 추구하는 성격이 강해요. 또한, 사람들과의 관계에서 조화로운 분위기를 만들며, 특히 타인의 감정을 잘 이해하고 배려하는 성향을 가지고 있어요.

　　기토일간은 때때로 은근히 자기 고집이 세고, 지나치게 신중하거나 소극적인 태도를 보일 수 있어요. 이에 따라 적극적인 도전을 하지 않고 기회를 놓칠 위험이 있어요. 또한, 너무 많은 책임을 떠안으려는 경향이 있어, 스트레스를 받거나 탈진할 가능성도 있을 수 있어요. 좀 더 유연하게 세상과 소통하고, 도전하는 자세를 가질 필요가 있어요.

■ 기축(己丑)일주(일지: 비견)

기축일주는 끈기와 인내로 성공을 이룰 가능성이 높고, 부동산으로 부를 축적하거나 고위직으로 출세할 수 있어요. 선생님이 되는 경우도 많아요. 신경이 예민하고 비밀을 많이 간직하는 경향이 있고 우울하거나 정신적인 문제를 겪을 수도 있어요. 부부는 기러기 부부와 같이 떨어져 지내는 것도 좋아요. 너무 아끼지 말고, 나눔의 중요성을 깨달으면 더 큰 부를 이룰 수 있어요. 남편을 존중하고 부드럽게 대하는 것이 필요하며 늘 책과 어머니를 가까이하면 좋아요.

■ 기묘(己卯)일주(일지: 편관)

기묘일주는 어떠한 환경 속에서도 살아남는 악바리 같은 근성으로 마침내 성공을 이루는 일주예요. 타인에 대한 배려심이 깊은 사람이에요. 저축하는 습관을 기르는 것이 매우 중요해요. 부부가 여행을 다니거나 주말부부를 지내거나 서로 운동하며 돌아다니는 취미생활을 하면 부부관계가 좋아져요. 기토는 밭을 의미하는데, 황금밭을 만들지 잡초밭을 만들지는 본인의 노력 여하에 달려있어요. 어려운 일이 있으면 누군가 도와주는 복이 있는 사람이에요. 말로 남에게 상처를 줄 수 있으니 긍정적인 언어를 사용하는 것이 좋아요. 배우자는 군·검·경, 의사, 활인업과 같은 강한 직업이 어울려요. 힘이 들 때 어머니를 찾아가서 잠깐 쉬거나 도움을 청하면 건강도 해결되고 인생이 순탄하게 풀려요. 성격이 형이상학적이며 비현실적인 면이 있고 자신의 속내를 잘 드러내지 않은 편이에요. 친구들과 편하게 이야기하며 스트레스를 받지 않고 마음을 편하게 먹는 것이 좋아요.

■ 기사(己巳)일주(일지: 정인)

기사일주는 대단한 자존심의 소유자이며 계산이 빠르고 상황판단이 빠르고 사회에서 성공한 사람이 많은 일주예요. 성격은 매우 활동적이고 독립적이에요. 강한 역마의 기운을 가지고 있어 이동을 자주 하며 무역, 운송, 교통과 관련된 직업을 가지면 좋아요. 관절, 뼈, 신경에 문제가 생기지 않도록 영양제 등을 섭취하여 건강 관리에 신경 써야 해요. 일확천금을 원하는 성향이 있어 욕심을 부리면 실패하니 성실히 노력하여 돈을 벌어야 해요.

남성은 왕성한 성욕을 잘 자제해야 해요. 사업에서는 사기나 보증 문제로 큰 재산 손실이 있을 수 있어요. 유산 갈등이나 형제간의 다툼이 발생할 수 있으므로 신경 써야 해요. 고부간 갈등이 있을 수 있고 남자는 마마보이 기질이 있으니, 어머니와 멀리 떨어져 사는 것이 좋아요.

■ 기미(己未)일주(일지: 비견)

기미일주는 성격이 급하고 자존심이 강한 면이 있으며, 자기주장이 확고하고 고집이 센 일주예요. 돈보다 명예를 중요시해야 하며 동업보다는 독립적인 생활을 통해 성공할 수 있는 잠재력이 커요. 부부간의 애정과 배려가 중요한데, 갈등이 있을 때는 사랑과 이해를 바탕으로 관계를 회복할 필요가 있어요. 자상하고 세심한 유형이에요. 스트레스를 많이 받는 유형이니 마음을 편하게 먹는게 중요해요.

강한 자기주장과 고집으로 부부 싸움이 잦을 수 있으니 유연한 사고를 하는 것이 중요해요. 동업은 하지 않는 것이 좋아요. 배신당할 수 있어요. 기억력이 좋고 신경이 예민한 편이에요. 어려운 상황이 생기면 꼭 도와주는 사람이 나타나는 일주예요.

■ 기유(己酉)일주(일지: 식신)

기유일주는 복이 많은 60갑자 중 대표적인 일주로, 횡재수와 예상치 못한 행운이 따르는 경우가 많아요. 언변이 뛰어나고 식복이 많아 본인이 잘 먹고, 잘 살며 귀티가 나는 분위기를 가지고 있어요. 외유내강형으로, 겉으로는 부드러워 보이지만 내면은 차갑고 이성적인 면이 있어요. 부동산과 관련이 깊으며 부동산에 투자하면 성공할 수 있어요. 힘들 때는 어머니의 조언을 듣고 휴식을 취하면 건강과 행복을 찾는 데 도움이 돼요. 힘들 때는 누군가 귀인이 나타나 도움을 주는 일주예요.

화가 나면 비수 같은 말을 하여 상대에게 큰 상처를 줄 수 있으며, 밖에서는 남에게 잘하지만, 가정에서는 소홀할 가능성이 있어요. 화가 날 때는 감정을 가라앉히고 자기의 내면을 돌보며 관계를 꾸준히 배려하는 노력이 필요해요.

■ 기해(己亥)일주(일지: 정재)

기해일주는 재성과 관성이 조화를 이루는 출세와 재물 복이 함께하는 일주예요. 기획력과 아이디어가 뛰어나고, 원리 원칙을 지키며 합법적으로 살아갈 때 재산을 지키고 안정적인 삶을 꾸릴 수 있어요. 여성의 경우 결혼 후 시어머니나 배우자의 도움으로 경제적 여유를 얻는 경우가 많으며, 남성은 자녀가 귀인이 되어 삶에 큰 전환점을 맞게 되는 경우가 많아요.

위장병을 조심하고 구취가 날 수 있으니 늘 청결하게 해야 해요. 주변의 형제자매가 경쟁자의 영향으로 동업과 유산 분쟁에 주의해야 해요. 감정적으로 예민하여 불안하거나 쉽게 포기하는 경향이 있어요. 과도한 욕심과 경쟁심을 경계하고, 불법적 유혹을 멀리하며 신중한 돈 관리를 해야 해요.

9

경금(庚金)일간:
단단한 철광석,
결단력과 강한 추진력

경금일간은 단단하고 강한 철광석처럼 강인한 의지와 결단력이 특징이에요. 실용적이고 현실적인 성격으로, 한 번 목표를 정하면 끝까지 밀고 나가는 추진력이 있어요. 책임감이 강하며 정직한 성품 덕분에 신뢰를 얻기 쉬워요.

자기주장이 강하고 완고한 면이 있어 타인의 의견을 수용하는 데 어려움을 겪을 수 있어요. 끊임없이 스스로를 단련하며 성장하려는 의지가 강하지만, 때로는 감정 표현이 서툴고 차가운 인상을 줄 수 있어 인간관계에서 오해를 살 수 있어요.

경금은 끊임없는 수련과 다듬어짐을 통해 더 큰 가치를 발휘하는 존재인 만큼, 유연한 태도와 협력의 자세를 갖추면 더 큰 성공과 조화를 이룰 수 있어요.

■ 경자(庚子)일주(일지: 상관)

경자일주는 매우 똑똑하고 말도 잘하는 사람으로, 특히 공부나 지적 활동에서 뛰어난 성과를 보여요. 깨끗한 것을 좋아하는 성향이 강해, 때로는 결벽증이나 완벽주의가 생길 수 있어요. 이는 정신적으로 스트레스를 유발하고 우울증이나 불안증을 겪을 가능성이 있음을 의미해요. 자기만의 규칙과 기준을 지키며, 깨끗하고 정리된 삶을 좋아하는 성향이 있고 사회적으로 인정받고, 명예와 존경을 받는 경우가 많아요. 여성의 경우 남편에게 불만을 많이 가질 수 있으니, 남편을 소중히 여기는 것이 중요해요.

결혼해서 자녀가 어렵게 생길 수 있고 겉으로는 강해 보이지만 내적으로는 고독감이 있어요. 활발하게 외부 활동을 하는 것이 좋아요. 돈에 대한 욕심이 과도하고, 성격이 급하고 마무리가 부족하여 투자나 재정 관리에서 실수가 발생할 수 있어요. 직장에서의 승진과 성공을 위해서 윗사람과 잘 지내는 것이 중요해요.

■ 경인(庚寅)일주(일지: 편재)

경인일주는 추진력과 리더십이 뛰어나고 성격이 급하고 자존심이 강한 성격이에요. 생각이 떠오르면 행동으로 곧바로 옮기는 행동력이 강한 사람이에요. 돈을 벌면 자연스럽게 명예를 추구하는 성향이 있어요. 이 사람은 선거에 출마하거나 모임에서 중요한 역할을 하고 싶어 해요. 부동산에 투자하면 성공할 가능성이 커요.

재물적인 변화가 자주 일어날 수 있으니, 금전 관계에서는 신중해야 해요. 다른 사람에게 돈을 빌려주거나 보증을 서는 일은 피하는 것이 좋아요. 모든 것이 한순간에 사라질 수 있으니 겸손하고 성실하게 살아가는 게 중요해요. 금전 관계에서 신중하게 대처하고 자신의 감정 조절을 잘하고 대인관계에서 오만하지 않도록 조심해야 해요.

■ 경진(庚辰)일주(일지: 편인)

경진일주는 강한 리더십과 우두머리 기질을 지니고 있어, 출세욕과 공명심이 매우 큰 일주예요. 남의 말을 잘 믿지 못하는 성향이 나타날 수 있어요. 일을 너무 속전속결로 처리하는 경향이 있어 주변에 신중한 조언자가 필요해요. 남에게 굽히지 못하는 성격이 있어 고집이 세다는 말을 들을 수 있어요. 경진일주는 소신이 뚜렷하고 머리가 똑똑하여 공직이나 전문직에서 성공할 가능성이 높아요.

돈에 집착하지 않고 선업을 쌓는 것에 더 집중해야 하며, 물질적 욕망보다는 정신적인 성취를 추구하는 것이 중요해요. 부친이나 배우자가 건강 문제를 겪을 수 있기 때문에 생사여탈직, 스포츠, 군인, 경찰, 활인, 종교, 교육, 봉사하는 계통의 직업을 가진 배우자나 본인이 그런 계통의 직업을 가지면 좋아요.

■ 경오(庚午)일주(일지: 정관)

경오일주는 자존심이 강하고 출세 욕구가 큰 성격을 가지고 있어요. 미남,미녀가 많고, 이성 관계에서는 주의가 필요해요.

이성 문제로 구설에 오를 수 있기 때문에 신중하게 행동해야 해요. 감정 기복이 심하고 원칙을 깨는 성향이 있어 일탈을 꿈꾸거나 비밀을 많이 가질 수 있어요. 새로운 것을 창조하는 능력이 뛰어나고, 출세할 가능성이 커요. 속전속결을 좋아하고 말보다 행동을 중시하는 사람이며 인생을 살면서 감정 컨트롤을 잘해야 해요.

전문자격증을 취득하거나 부동산으로 재산을 모으는 것이 좋아요. 어머니께 효도하면 모든 일이 잘 풀릴 수 있어요. 조금씩 노력해서 돈을 벌려는 마음보다는 큰돈을 벌고 싶은 욕심이 많으니 너무 욕심부리지 않는 것이 좋아요. 욕망을 제어하고 감정을 잘 조절하고, 이성 관계에서 신중함을 유지하는 것이 중요해요.

■ 경신(庚申)일주(일지: 비견)

경신일주는 금의 기운이 매우 강해 강한 성격과 고집을 가진 사람이 많아요. 좋고 싫음이 분명하여 맺고 끊음을 정확히 하려는 경향이 있지만, 인연은 언제 어디서 다시 만날지 모르므로 너무 극단적인 결정을 피하는 것이 좋아요. 부부 관계는 서로 간섭하지 않고 자율성을 인정해 주면 원만하게 지낼 수 있어요. 리더십이 강하며 의료나 군·검·경 분야에서 두각을 나타낼 수 있어요. 고집이 강해 갈 길을 어렵게 가지만, 결국에는 성공할 가능성이 커요. 이들은 극단적인 삶을 살 수 있지만, 그만큼 성공의 확률도 높아요.

돈 관리가 중요해요. 돈이 새어 나갈 수 있으니, 부동산에 장기적으로 투자하는 것이 좋고 아내에게 돈 관리를 맡기는 것이 좋아요. 고집과 자존심을 잘 다스려야 하고, 성격을 부드럽게 조절하는 것이 중요해요. 자기주장이 강해 극단으로 몰고 갈 수 있으니, 마음의 평온을 유지하며 부드러움을 키우려 노력해야 해요.

■ 경술(庚戌)일주(일지: 편인)

경술일주는 강한 리더십과 고집을 가진 사람으로, 자기주장이 확고하고 즉시 반응하는 성격이에요. 묘한 매력을 발산해 이성의 관심을 끌며, 강한 리더십 덕분에 성공할 가능성이 커요. 그러나 강한 성격 때문에 외로움과 고독을 느낄 수 있어요. 융통성 부족으로 독불장군이 될 위험도 있어요. 남을 이기고자 하는 경쟁심이 강하고 즉시 반응하는 성향이에요. 정의감이 있고 불의에 저항하는 용감한 사람이에요.

감정 조절이 중요하고, 화가 나면 타인과 갈등을 일으킬 수 있어 주의가 필요해요. 강한 성격으로 돈과 명예를 잃을 수 있으므로, 잘 나갈 때는 겸손하고 저축하는 것이 필요해요. 강한 사람이라 융통성을 키우고, 감정을 긍정적으로 조절하는 것이 중요해요.

신금(辛金)일간:
정교한 보석,
냉철한 분석과 완벽주의

신금일간은 반짝이는 보석처럼 세련되고 섬세한 성품이 특징이에요. 미적 감각과 창의력이 뛰어나며, 주변 사람들에게 우아하고 매력적인 인상을 주는 경우가 많아요. 상황을 빠르게 파악하고 대처하는 날카로운 판단력도 신금의 강점이에요.

섬세한 성격이 지나치면 예민해지고, 작은 일에도 쉽게 상처받는 면이 있어요. 또한, 자신을 과하게 꾸미거나 과시하려는 경향이 있을 수 있어 주의가 필요해요. 타인과의 협력을 통해 자신을 다듬고 균형을 맞춘다면, 신금은 더욱 빛나는 존재가 될 수 있어요. 내면의 단단함과 외면의 아름다움을 조화롭게 발전시킬 때, 큰 성공과 행복을 이룰 수 있어요.

자신의 강점을 살리면서도 타인의 의견을 포용한다면, 신금은 더욱 깊이 있는 매력을 발휘할 수 있어요. 삶의 다양한 경험을 통해 유연함을 기르면, 자신의 빛을 더 넓게 퍼뜨릴 수 있어요.

■ 신축(辛丑)일주(일지: 편인)

신축일주는 고집이 세고 끈기와 인내가 뛰어난 성격이에요. 자갈밭을 갈아 옥토로 만드는 강한 의지력을 지니고 있어요. 가슴에 칼을 품고 있어 감정이 격해지면 앙심을 품고 쉽게 풀지 않는 성격이기도 해요. 타고난 재능이 시간이 흐를수록 그 가치를 인정받는 대기만성형의 인물이에요. 사소한 일은 흘려보내야 마음이 편안할 수 있어요.

부모님과 형제와의 갈등이 있을 수 있으며, 특히 유산 문제로 다툼이 발생할 수 있어요. 성격이 차가워 외로움을 느낄 수 있으므로, 감정을 잘 다스리고 주변 사람과 관계를 유지하는 것이 중요해요. 복지, 의약, 종교, 활인, 교육 등의 분야에서 성공할 수 있어요. 신앙생활이나 봉사활동을 통해 사회적 참여가 필요하며, 성실한 노력이 결국 성공을 가져오게 돼요.

■ 신묘(辛卯)일주(일지: 편재)

신묘일주는 빠르고 기발한 아이디어와 예측불허의 성향을 지니며, 주변 상황을 재빠르게 파악하고 대처할 수 있는 능력이 뛰어나요. 남들이 하지 못하는 생각을 하며, 신경이 예민해 감정의 기복이 있을 수 있어요. 결과 지향적인 성향 덕분에 한 번 마음 먹으면 끝까지 하는 성향이에요. 부부가 주말부부나 떨어져 살면 오히려 좋을 수 있어요. 재물에 관한 소유욕이 강하며 예민한 부분이 있어 마음이 불안하고 초조할 수 있으니, 안정을 추구하며 편안하게 사는 것이 좋아요.

한 번 틀어진 사람은 두 번 다시 보지 않으려 하고 마음을 주면 다 주는 성격이에요. 그래서 오히려 사기와 배신을 당해요. 우유부단함을 싫어해서, 가끔은 급하게 결정을 내리고 후회할 수도 있어요. 자기 감정을 조절하고 신중한 판단을 통해 갈등을 피하는 것이 중요하며 한 우물을 파는 집중력이 필요해요.

■ 신사(辛巳)일주(일지: 정관)

신사일주는 대의명분을 추구하고 공정하게 일 처리하는 성향 덕분에 직장에서 존경받으며, 고위직으로 출세할 가능성이 커요. 자신의 지식과 기술을 활용한 정신적인 일에 집중하는 것이 유리해요. 겉으로 점잖아 보이지만 내면은 욕심과 경쟁심이 내재되어 있는 성격이에요. 원리와 원칙을 중시하며 체면과 명분을 중요하게 여기는 사람이에요.

강한 성격과 호불호가 분명한 성향으로, 문제를 일으킬 때는 끝장을 보고 마는 성격이에요. 남편을 통제하려는 경향이 있어 그로 인해 갈등을 일으킬 수 있어요. 보수적인 성향과 융통성이 부족한 성격으로 자기 우월감과 욕심이 많아 때로는 경제적으로 어려움을 겪을 수 있어요. 직장 생활을 하는 것이 좋고 일반사업은 맞지 않아요. 사업을 한다면 학문, 공부, 자격증을 바탕으로 한 교육사업은 좋아요.

■ 신미(辛未)일주(일지: 편인)

신미일주는 공부를 통해 성공할 가능성이 크고, 부동산 투자에서 큰 성과를 낼 수 있는 특징이 있어요. 돈을 모으는 능력이 뛰어나며, 노력하면 명예와 부를 동시에 얻을 가능성이 높아요. 똑똑하고 상황 판단이 빠른 성격으로 어려운 상황도 잘 헤쳐나갈 수 있어요. 기획력과 아이디어가 좋으며 화가 나면 폭발할 우려가 있으니 마음 수양이 필요해요.

눈치가 빠르고 사람을 꿰뚫어 보는 능력이 있고 한번 마음에 앙심을 품으면 반드시 복수하는 성질이 있어요. 수양이 필요해요. 재물에 대한 집착이 강해 돈과 명예를 너무 좇으면 건강과 인간관계에서 손해를 볼 수 있으니 주의해야 해요. 재물을 모으는 것도 중요하지만 주변 사람들에게 베풀며 살아야 더 복을 받을 수 있어요. 무리한 투자나 다른 사람에게 상처를 줄 수 있는 일은 피하는 것이 좋아요. 세무, 회계와 같은 정밀성을 요구하는 직업에도 잘 맞아요.

■ 신유(辛酉)일주(일지: 비견)

신유일주는 60갑자 중 3대 고집에 들 정도로 뚝심과 고집이 세지만 목표를 향해 꾸준히 나아가는 힘이 있어요. 책임감과 자존심이 강해 중요한 일을 맡아도 끝까지 해내는 능력이 뛰어나요. 감정이 격해지면 자신의 감정을 제어하지 못해 손해를 보는 일이 발생해요.

고집이 지나치면 주변 사람들과 갈등이 생기기 쉬우니 유연한 태도를 가지는 것이 중요해요. 돈에 관한 기복이 있을 수 있으니 남과 돈거래는 피하는 것이 좋아요. 의사, 검사, 경찰, 활인, 종교, 생살여탈직과 같이 남을 위해 봉사하고 칼을 다루는 직업이 좋아요.

■ 신해(辛亥)일주(일지: 상관)

신해일주는 외모와 재능이 뛰어나고 사람들에게 매력을 발산하는 일주예요. 언변술이 좋고 머리가 좋아 공부를 통해 성공할 가능성이 높아요. 깨끗한 것을 좋아하고 섬세하고 정갈한 태도가 돋보이며, 이성으로부터 인기가 많아요. 자기 일에 몰입하는 집중력이 뛰어나서 전문가로 성장하거나 창의적인 분야에서 두각을 나타낼 수 있어요. 정확한 것을 좋아하는 사람으로 냉철하고 차가워 보이지만 배려심과 인정이 있어요.

감정 기복과 타인 의식이 강해 스트레스에 취약할 수 있어요. 돈 욕심과 단기간의 성공에 집착하지 말고, 건강과 도덕성을 지키며 인성과 조화를 이루는 삶이 중요해요. 자기관리가 부족하면 말년에 외로움을 겪을 수 있고, 이성 문제로 어려움을 겪을 가능성도 있어요.

11

임수(壬水)일간: 깊고 넓은 바다, 지혜와 유연한 흐름

임수일간은 깊고 넓은 바다와 같아요. 임수는 그 자체로 풍부하고 다채로운 지혜와 감성을 지닌 성격을 나타내며, 유연하고 적응력이 뛰어난 특성을 지니고 있어요. 임수일간은 자유로운 사고방식과 창의적인 사고로 주변과 잘 어울리고, 특히 지식과 경험을 통해 깊이 있는 사람이 될 수 있어요. 또한, 타인의 감정을 잘 읽고 배려하며 포용하여 사람들과의 관계에서 긍정적인 영향을 미쳐요.

그러나 임수일간은 때때로 과도하게 감성적이거나 변덕스러운 성향을 보일 수 있어요. 그로 인해 결정에 신중하지 않거나, 일관성이 부족할 때가 있어요. 또한, 자신의 감정에 휘둘려 주관적인 판단을 내리기도 하며, 집중력이 떨어질 때가 많아요. 따라서 자기 관리와 감정 조절을 잘한다면 더 큰 성과를 얻을 수 있어요.

■ 임자(壬子)일주(일지: 겁재)

임자일주는 60갑자 중에서도 기세가 강한 일주로, 대담하고 배포가 커요. 솔직하고 재물을 만드는 능력이 뛰어나고 호탕한 성격이 돋보여요. 이성적으로 매력이 강하고, 정열적이며 순수함이 있어요. 재물의 기복이 심하고, 한 방에 큰돈을 벌려는 욕심이 강한 편이라 땀 흘려 노력하는 태도를 유지하는 것이 중요해요. 성격이 급해 생각하면 행동하는 경향이 있어 이로 인한 실수를 하지 않게 조심해야 해요. 지혜롭고 다재다능하여 풍류가 있고 외향적인 성향이에요.

자존심이 매우 강하고 내면의 감정 조절이 부족할 경우 어려움을 겪을 수 있어요. 일반 직장보다는 학문, 공부, 자격증을 바탕으로 한 전문 자유직이 좋아요. 우월감이 강해 교만하게 비칠 수 있으니, 자신을 낮추고 유연하게 대처하려는 마음가짐이 필요해요. 특히, 감정의 쓰나미를 다스리지 못하면 재물이나 가족을 잃을 위험도 있어요. 이러한 부분을 보완하려면 평정심을 유지하고 대화와 양보를 통해 관계를 잘 이끌어 가야 해요.

■ 임인(壬寅)일주 (일지: 식신)

임인일주는 복이 많고 두뇌 회전이 빠르며, 성격이 밝고 매력적인 사람이에요. 재물과 명예를 추구하며, 어려울 때 귀인에게 도움받을 운이 강해요. 외유내강형으로 호탕하고 진취적이며, 대인관계에서 사람을 끌어들이는 힘이 뛰어나요. 예술성과 끼가 풍부해 교육, 육영사업을 하면 성공 가능성이 높아요. 돈을 벌어도 명예를 중시하는 사람이에요. 공부에 관한 욕구가 강해 배움에 대한 열망이 강해요.

윗사람의 비위를 잘 맞추지 못해요. 강한 사람에게는 강하고 약한 사람에게는 약한 사람이에요. 형제와는 멀리 떨어져 가까이 지내지 않는 것이 좋고 성인이 되면 어머니와 떨어져 사는 것이 좋아요. 여성의 경우 사회활동을 안 하고 집에 있으면 우울해지거나 아프니 사회활동을 하는 것을 적극 권해요. 감정 기복이 심할 때 사건·사고에 휘말릴 수 있고, 재물과 명예 손실 가능성이 있으니, 주의가 필요해요.

■ 임진(壬辰)일주(일지: 편관)

임진일주는 개성이 뚜렷하고 경쟁심이 강한 일주로, 자존심과 고집이 매우 세요. 이들은 근면 성실하고 책임감이 강해서 사회에서 성공하는 사람들이 많아요. 자기 생각을 확고하게 고수하며, 영감과 촉이 뛰어난 사람도 많고, 활인업이나 종교인이 될 가능성이 있어요. 우월감이 강하고 자신이 맡은 일에는 최선을 다하는 책임감이 강한 사람이에요.

자주 급한 성격을 보이지만, 내면은 매우 순수하고 여린 사람도 많아요. 이들은 자신이 원하는 목표를 향해 노력하며, 리더십을 발휘하는 경우가 많아요. 그러나 자존심이 강하다 보니 감정 기복이 심하고 때로는 사고를 칠 수 있어요.

형제와의 관계가 어려운 경우가 많고, 자기주장이 지나쳐서 조직 내에서 갈등을 일으킬 수 있어요. 감정 조절이 어려운 경우가 많아 언행에 신중해야 해요.

■ 임오(壬午)일주(일지: 정재)

임오일주는 명마처럼 기운이 넘치는 사람으로, 성공할 잠재력이 많아요. 이들은 배우자에게 충성하며, 돈과 명예를 동시에 얻을 수 있는 좋은 기운을 가졌어요. 꼼꼼하고 세밀한 성향이 있으니, 직장은 금융, 경제, 회계 방면도 잘 맞아요.

감정의 기복이 심하고, 물과 불이 상충하는 영향으로 심장 질환에 주의해야 해요. 여자만 조심하면 큰 성공을 이룰 수 있어요. 직장 생활과 사업 둘 다 괜찮은 일주이고 한 직장에서 장기간 근무하면 좋아요. 재물을 너무 아끼는 경향이 있으니, 주변에 베풀며 사는 것이 큰 복으로 돌아와요. 오만함에 빠지면 이룬 결과를 잃을 수 있으니, 겸손함을 잃지 않아야 해요.

■ 임신(壬申)일주(일지: 편인)

임신일주는 매우 똑똑하고 능력이 뛰어난 사람으로, 귀인 복이 많아요. 어려운 상황에서도 주변에서 도움을 주는 사람들이 나타나며 사람들에게 신뢰받는 성격을 가졌어요. 직장은 하루 종일 같은 곳에서 일을 하게 되면 재미를 못 느끼기 때문에 돌아다니는 직업이 좋아요. 사업과 직장 모두 전문 지식을 바탕으로 성공할 수 있는 가능성이 크지만, 일찍 사업을 시작하는 것은 신중해야 해요. 직장 생활에서 배운 노하우를 바탕으로 경험을 가지고 사업을 하는 것이 좋아요. 종종 변덕스러울 수 있고, 마음이 급해져서 마무리하지 못하는 경우가 있어요. 특히 이성 문제나 구설수에 주의해야 해요. 성욕이 강한 일주로 결혼 전에 속궁합을 확인해 보는 것이 중요해요.

■ 임술(壬戌)일주(일지: 편관)

임술일주는 매우 목표 지향적이고 출세 지향적인 성향을 지닌 일주예요. 강한 자존심과 리더십을 가졌고, 카리스마가 넘치는 사람들이 많아요. 부자가 많고 대기업이나 공직에서 일하는 사람도 많아요. 자신의 목표를 이루려는 열망이 강하고 때로는 구두쇠 심리가 드러날 수 있어요. 또한 돈을 버는 데에 집중하다 보면, 사람과의 관계에서 어려움을 겪을 수도 있어요. 형제와는 서로 떨어져 살며 간섭하지 않는 것이 좋아요.

덕을 베풀지 않으면 말년이 힘들어질 수 있으니 항상 자신을 돌아보고 주변을 살피며 사는 것이 중요해요. 잘난 맛에 살며 남들은 오만하다고 느낄 수 있으므로 겸손함이 필요해요. 때때로 마음이 고독하고 쓸쓸함을 느껴요. 천문성을 가지고 있어 활인업이나 종교, 멘토, 마음공부를 하는 계통에서 일을 하면 좋아요.

12

계수(癸水)일간: 맑은 이슬, 직관과 감성의 마법

계수일간은 맑고 깨끗한 물과 같아요. 계수는 차분하고 섬세한 성격을 지닌 사람으로, 정직하고 신뢰성 있는 성향을 가지고 있어요. 깊은 통찰력과 느긋한 성격으로, 상황을 신중하게 관찰하고 계획적으로 행동하는 특징이 있어요. 계수일간은 타인에게 도움을 주는 것을 좋아하며, 겸손하고 소극적인 태도로 주변 사람들에게 긍정적인 인상을 남길 수 있어요.

하지만 계수일간은 과도하게 내성적이거나 변화에 저항하는 성향이 있어, 대외적으로 자신을 표현하는 데 어려움을 겪을 수 있어요. 또한, 지나치게 신중해서 결정을 내리는 데 시간이 오래 걸리며, 불안함을 느낄 때가 많아요. 이럴 경우 결단력을 발휘하는 훈련이 필요하고, 자신의 감정을 더욱 표현하는 연습을 통해 더 큰 발전을 이룰 수 있어요.

■ 계축(癸丑)일주(일지: 편관)

계축일주는 신중하고 분석적인 성향을 가지고 있어요. 분석력과 판단력이 뛰어나 전문적인 직업에 적합해요. 흥신, 수사, 의료, 복지 등 정밀한 판단과 인내가 필요한 분야에서 두각을 나타낼 수 있으며, 사람의 심리를 깊이 이해하는 상담 분야에서도 재능을 발휘할 수 있어요. 감정보다는 이성적인 판단을 우선시하며, 쉽게 흔들리지 않는 강한 의지를 지녔어요. 또한, 재물에 대한 감각이 뛰어나고 자신의 신념이 뚜렷하고 목표를 위해 묵묵히 나아가는 태도가 강점이에요.

감정 표현이 부족해 차갑게 보일 수 있고 내적 갈등이 많아 스스로를 힘들게 할 때가 있어요. 때때로 지나치게 신중하여 결정을 내리는 데 시간이 걸릴 수 있어요. 자신을 표현하는 데 어려움을 느끼기도 해요. 늘 긴장하며 스스로 스트레스를 많이 받는 유형이니 마음을 평온하게 유지하는 명상이나 마음공부를 하면 사는 데 도움이 돼요.

■ 계묘(癸卯)일주(일지: 식신)

계묘일주는 천을귀인 일주로 하늘의 복을 타고난 사람이에요. 귀인이 자주 나타나 어려움을 해결해 주는 특별한 운을 지니고 있어요. 식복까지 타고난 사람으로, 주위에 많은 사람들에게 베풀고 도움을 주는 좋은 일주예요. 배우자 복이 있지만, 배우자나 재물적으로 한 번의 위기를 겪을 수도 있어요. 남성의 경우 귀인이 너무 많아 여러 여성과의 인연을 맺을 가능성도 있으니 주의해야 해요.

여성의 경우 자식을 최우선으로 생각하지만, 남편이 최고이니 자식보다 남편 위주의 가정이 되어야 해요. 교육업, 관광업, 상담과 멘토링, 생명을 다루는 직업을 통해 성취를 이룰 수 있어요.

■ 계사(癸巳)일주(일지: 정재)

계사일주는 60갑자 중 아주 복이 많은 사주로, 배우자 복, 부모 복, 직업 복 등 여러 복이 따라요. 특히 낮에 태어난 사람은 이러한 복을 잘 누릴 수 있어요. 귀인이 자주 나타나 어려운 상황을 도와주는 성향이 있어, 고비를 넘기고 성공하는 일이 많아요.

성격이 원만하고 인정받는 존재가 될 수 있어요. 돈과 여자에 빠지면 그동안 쌓아온 것들이 하루아침에 사라질 수 있기 때문에 사춘기부터 잘 관리해야 해요. 연애결혼을 하며 혼전임신의 가능성이 있으니, 피임에 신경을 써야 해요.

감정의 기복이 심하고, 정신적인 질환이나 약물 의존을 겪을 수도 있어요. 돈이 생기고 사라지는 기복이 심할 수 있으니 돈 관리를 잘해야 하며, 저축을 습관화하는 것이 중요해요.

■ 계미(癸未)일주(일지: 편관)

계미일주는 부지런하고 근검절약하는 성향을 가지고 있어요. 출세욕과 공명심이 강하며, 어려운 환경에서도 성공을 거둘 수 있는 능력이 있고 기본적인 재복을 타고 났어요. 자수성가하여 부자가 되어도 겸손함을 잃지 않고, 가정을 위한 희생을 아끼지 않아요. 식복이 풍부하고, 타인을 이롭게 하는 단비 같은 존재가 될 수 있어요.

성격이 다혈질적인 면이 있어 자신을 잘 다스리는 것이 중요해요. 직업의 이동이 많을 수 있고 이로 인한 스트레스를 겪을 수 있어요. 여성의 경우 자신의 주관이 강하고 남성을 경시하는 경향이 있을 수 있어요. 자신만의 전문성을 가지고 직장 생활을 하는 것이 좋아요. 위염이나 위장장애가 있을 수 있으니, 섭생에 주의가 필요해요.

■ 계유(癸酉)일주(일지: 편인)

계유일주는 음지에서 양지를 추구하는 성향을 가지며 과거를 회상하며 자기 회한이 강한 사람이에요. 타인을 위한 희생을 아끼지 않지만 고독하고 쓸쓸한 면이 있어 혼자 사는 경우가 많아요. 결벽증이 있어 상대방이 자신을 속였다고 느끼면 관계를 끊어 버려요.

집념이 강하고 복수의 칼날처럼 한 번 원한을 품으면 반드시 갚는 성향이 있어요. 연약해 보이지만 강한 심지를 가진 외유내강한 사람이에요. 여행을 좋아하고 집에만 있으면 병이 나거나 우울해져요. 신비주의적인 성향이 강하며 살면서 어머니와의 인연이 깊어요. 마마보이 기질이 있으니 어머니 품을 벗어나 자신만의 인생을 만들어 가는 것이 필요해요. 학문에 관한 대표적인 일주인데 술을 좋아하는 경향이 있어 학문을 추구하는 데, 방해가 될 수 있어요.

■ 계해(癸亥)일주(일지: 겁재)

계해일주는 큰물로 역동적이고 진취적인 성격을 지니며, 한 번 폭발하면 큰 파장을 일으킬 수 있어요. 자신보다 능력이 없는 사람을 무시하고, 능력이 있으면 굽히는 특징을 가지고 있어요. 자존심과 고집이 세지만 온화하고 다정다감한 성격이에요. 머리가 비상하며 천재성이 있으며 매우 진취적인 사람이에요.

그러나 이들은 늘 마음 한구석이 허전하고 채워지지 않는 빈자리가 있는 경우가 많아요. 사주에 화(火) 기운이 부족하다면 한습으로 인해 공황장애나 우울증이 올 수 있어요. 겉으로는 온순해 보이지만, 자존심이 매우 강한 성격으로, 채찍보다는 당근이 효과적이에요. 칭찬을 받으면 마음을 다 주는 사람이기도 해요.

사업에서는 동업을 피하는 것이 좋아요. 동업자에게 이용당할 가능성이 높으므로 혼자서 일을 하는 것이 더 유리할 수 있어요. 욕심이 많고 일확천금을 바라는 성향이 있지만, 요행을 바랄 것이 아니라, 꾸준히 열심히 일해야 성과를 얻을 수 있어요.

3부

나를 알고,
관계를 이해하다

나는 어떤 사람일까?

여러분은 스스로를 완벽하게 이해한다고 생각하나요? 우리는 때때로 자신의 감정과 행동을 예측하지 못하고, 예상치 못한 순간에 새로운 내 모습을 발견하곤 해요. 내가 나를 온전히 이해하지 못하는데, 타인을 제대로 이해하는 것은 더욱 어려운 일이겠죠.

최근에는 정신의학자들조차 현대 심리검사나 정신분석만으로 인간을 온전히 해석하는 것이 어렵다고 말하며, 명리학을 연구하는 사례가 늘고 있어요. 명리학과 심리학을 접목하면 인간의 성향과 심리를 더욱 입체적으로 분석할 수 있기 때문이에요.

저 또한 오랜 시간 코칭과 상담학을 공부하며 사람을 이해하는 법을 연구해 왔고, 그것이 명리학을 깊이 탐구하게 된 계기가 되었어요. 한 사람을 제대로 이해하려면 타고난 기질, 심리, 성격 그리고 사회적 욕구까지 두루 살펴봐야 해요. 명리학에서는 사주를 통해 개인의 기질과 심리를 분석하고, 이를 바탕으로 성격과 사회적 욕구가 어떻게 형성되는지를 설명할 수 있어요.

우리는 보통 무언가가 수치로 표현되면 더 객관적이고 과학적으로 느껴져요. 그래서 저는 사주팔자의 8개 글자를 수치화하여 보다 직관적으로 이해할 수 있도록 설명하려고 해요. 물론, 이 수치가 수학적으로 절대적인 정답은 아니지만, 복잡한 개념을 더욱 쉽게 이해할 수 있는 유용한 도구가 될 거로 생각해요.

사주 수치론,
나를 이해하는 열쇠

수치론은 천간과 지지에 수치를 적용해 기질, 심리, 성격, 성향을 숫자로 표현하는 방법이에요. 감각적인 해석이 아니라 객관적인 수치를 활용해서 나와 타인을 더 쉽게 이해할 수 있도록 돕는 것이 목표예요. 아래는 수치론의 수치 분포도예요. 데이터를 시각적으로 정리해서 보여드릴게요.

예시: 2020년 2월 23일 (양력) 15:00 여자

	시주(時柱)	일주(日柱)	월주(月柱)	연주(年柱)	
천간(天干)	乙 (을)	丙 (병)	戊 (무)	庚 (경)	
수치분포	10	10	10	10	총 40점
지지(地支)	未 (미)	申 (신)	寅 (인)	子 (자)	
수치분포	20	20	30	10	총 80점

● 사주의 점수 분포와 중요성

사주는 총 120점으로 나누어 평가할 수 있어요. 그중 천간은 40점, 지지는 80점으로 배분하는데, 이는 천간보다 지지가 더 중요한 역할을 한다는 의미예요.

천간은 머릿속의 생각과 관념을 나타내는 부분이에요. 즉, 실제로 일어나는 일이 아니라 사람의 의식과 표면적인 태도를 반영하는 요소죠. 그래서 각각의 천간에 10점씩 배분해서 총 40점을 부여했어요. 반면, 지지는 사람의 실제 행동과 환경, 운명의 실질적인 흐름을 나타내는 요소예요. 천간보다 훨씬 중요한 역할을 하므로 총 80점을 배부했어요.

● 지지의 중요성과 점수 배분

사주는 절기학이기 때문에 태어난 계절을 나타내는 월지가 가장 중요해요. 월지는 사람의 기본적인 환경과 기질, 직업적 성향까지 결정하는 자리예요. 그래서 월지(月支)에 가장 높은 점수인 30점을 배분했어요. 일지(日支)는 배우자를 나타내고, 동시에 나의 성향과 성격이 드러나는 자리예요. 20점을 배분했어요.

시지(時支)는 자식의 자리이면서 말년운을 나타내는 부분이에요. 즉, 인생 후반부의 흐름과 자식과의 관계를 알 수 있는 요소예요. 그래서 시지(時支)에도 20점을 배분했어요.

이처럼 사주의 수치 배분을 보면, 어떤 요소가 인생에서 중요한지를 알 수 있어요. 특히, 월지가 가장 높은 점수를 받는 이유는, 태어난 계절과 환경이 사람의 기본적인 성향과 운의 흐름을 결정하기 때문이에요. 사주를 해석할 때는 천간보다는 지지를 중심으로 보고, 그중에서도 월지를 가장 먼저 분석하는 것이 중요해요.

예시 1

목화(50점), 무토(10점) : 양의 기운 60점
금수(40점), 미토(20점): 음의 기운 60점

예시: 2020년 2월 23일 (양력) 15:00 여자

	시주(時柱)	일주(日柱)	월주(月柱)	연주(年柱)
천간(天干)	乙 (을)	丙 (병)	戊 (무)	庚 (경)
수치분포	10	10	10	10
지지(地支)	未 (미)	申 (신)	寅 (인)	子 (자)
수치분포	20	20	30	10

	목	화	토	금	수
개수	2	1	2	2	1
점수	40	10	30	30	10

예시1 사주를 살펴보면 오행이 고루 분포되어 있어요. 오행이 균형을 이루고 있다는 것은 삶의 굴곡이 크지 않고, 비교적 순탄하게 인생이 흘러가는 경향이 있다는 의미예요. 특별히 극단적인 변화 없이 안정적인 흐름 속에서 살아가는 사람이라고 볼 수 있어요.

반대로, 오행의 불균형이 크면 삶의 기복이 심하고, 특정한 방향으로 강하게 치우치는 특징이 나타날 수 있어요. 따라서 오행의 분포를 분석하면 그 사람의 삶의 패턴과 성향을 더욱 직관적으로 이해할 수 있어요.

이 사주의 경우, 특정한 기운이 두드러지지 않으면서 병화(丙火)의 기질이 강하게 나타나는 특징을 가지고 있어요. 병화는 기본적으로 10점을 가지지만, 이를 도와주는 오행인 목(木)이 병화를 생해(木生火)주면서 40점의 기운을 더해줘요. 즉, 목(木)과 화(火)의 기운이 강하게 작용하는 구조라고 볼 수 있어요. 병화(丙火)는 스스로를 드러내고 표현하는 발산적인 에너지를 가지고 있어요. 그래서 표현력과 열정이 뛰어나며, 자신의 재능을 적극적으로 표출하는 성향이 강해요. 또한, 목(木)의 창의적인 에너지가 병화를 더욱 활발하게 만들어 스스로를 성장시키고 발전시키려는 기질도 강하게 나타나요.

이처럼 수치화된 사주 분석을 통해 어떤 기운이 강하게 작용하는지를 직관적으로 파악할 수 있어요. 이를 활용하면 자신의 성향을 이해하고, 강점을 더욱 극대화할 수 있는 방향으로 활용할 수 있겠죠.

사주의 음양 점수를 보면 그 사람이 음의 기질이 강한 사람인지, 양의 기질이 강한 사람인지도 알 수 있어요. 목(木)과 화(火)의 점수가 높으면 명랑하며, 적극적인 성향을 가진 사람이에요. 금(金)과 수(水)의 점수가 높으면 생각이 깊고 신중하며, 세심한 성향을 가진 사람이에요.

토(土)는 음과 양의 중간 역할을 해요. 양토(무진술(戊辰戌))는 양의 기질을 띠고, 음토(기축미(己丑未))는 음의 기질을 가진다고 볼 수 있어요. 이처럼 사주의 오행과 음양의 분포를 분석하면, 성격과 기질을 더욱 명확하게 이해할 수 있어요.

이를 활용하면 자신을 더 깊이 이해하고, 강점을 살려 더 나은 방향으로 삶을 설계할 수 있어요.

예시 2

목화(10점): 양의 기운 10점

금수(90점), 미토(20점): 음의 기운 110점

예시: 설명을 위한 가상 사주

	시주(時柱)	일주(日柱)	월주(月柱)	연주(年柱)
천간(年柱)	계 (癸)	丙 (병)	壬 (임)	庚 (경)
수치분포	10	10	10	10
지지(地支)	未 (미)	申 (신)	子 (자)	子 (자)
수치분포	20	20	30	10

	목	화	토	금	수
개수	0	1	1	2	4
점수	0	10	20	30	60

같은 병화(丙火) 일간이라도 사주에 어떤 기운이 강하게 작용하느냐에 따라 완전히 다른 기질이 나타날 수 있어요. 병화는 본래 뜨겁고 밝은 에너지, 외향적이고 발산적인 성향을 가지고 있지만, 사주 속 오행의 배합에 따라 그 성향이 달라지거나 변화할 수 있어요.

예시 2 처럼 수(水)의 기운이 강한 사주라면 병화의 원래 성향보다 차분하고 지혜로운 기질이 더 강하게 드러날 수 있어요.

수(水)는 유연하고 직관적인 에너지를 가지므로, 감성적이고 인간적인 면모가 두드러지기도 해요. 적당한 수(水)의 기운은 뛰어난 직관력과 적응력을 발휘할 수 있는 요소가 돼요. 하지만 수(水)의 기운이 과도하게 많아지면 생각이 많아지고, 행동보다는 사색과 고민이 깊어지는 성향으로 흐를 수 있어요. 행동력이 약해지고, 결정이 늦어지거나 실행력이 떨어질 가능성도 커져요. 수(水)는 화(火)를 극하는 기운이기 때문에 스트레스가 많고 행동에 제약을 많이 받는 특성이 나타날 수도 있어요.

예시 1, 2 와 같이 같은 병화 일간이라 하더라도 오행의 분포와 음양의 비율에 따라 기질은 다르게 나타날 수 있어요. 한 사람은 매우 적극적이고, 자신을 발산하는 유형이고, 한 사람은 행동보다는 깊이 사유하는 사람일수 있어요. 이처럼 수치를 활용하면, 같은 일간이라도 다른 기질의 사람임을 쉽게 파악할 수 있어요.

◆ 일간보다 강한 오행이 기질을 결정하는 원리

사주를 분석할 때 어떤 오행이 50점 이상으로 강하게 작용하면, 그 오행의 기질이 일간보다 더 두드러지게 나타날 가능성이 커요. 즉, 사주에서 특정 오행이 과하게 많아지면, 본래 일간의 특성보다 그 오행의 영향을 더 강하게 받게 되는 거예요.

● 음양과 오행으로 보는 타고난 기질의 본질

타고난 기질은 음양과 오행의 조합에 의해 결정돼요. 사람마다 사주에 배치된 음양의 균형과 오행의 분포가 다르기 때문에, 각기 다른 성향과 기질을 가지게 돼요. 이 기질은 환경과 경험에 따라 표현 방식이 달라질 수 있지만, 근본적인 성향 자체가 변하는 것은 아니에요.

예를 들어, 수(水) 기운이 강한 사람은 본래 신중하고 지혜로운 성향을 가지며, 이는 변하지 않아요. 다만, 사회적 경험을 통해 적극적인 모습을 보일 수는 있지만, 본질적으로는 깊은 사고를 하는 기질을 유지해요. 이처럼 사람의 기질은 타고나는 것이며, 음양과 오행의 조화를 통해 그 특징이 드러나요. 따라서 자신의 기질을 이해하고 강점을 극대화하는 것이 더 중요한 일이에요.

● 수치 활용 방법

나의 기질을 알고 싶다면, 일간(日干)의 성향을 확인하면 돼요. 사주에서 특정 오행의 점수가 40점 이상이면 그 기운이 기질적으로 드러나고, 50점 이상이면 과다한 기운을 조절할 필요가 있어요. 수치를 통해 기질을 파악하면 상대방의 성향을 훨씬 직관적으로 이해할 수 있을 거예요.

3

사주로 보는 심리 유형과
사회적 욕구

우리는 사람을 판단할 때 외모를 보고 첫인상을 결정하는 경우가 많아요. '예쁘다', '매력이 있다', '키가 크다', '작다' 같은 것들은 눈으로 쉽게 판단할 수 있죠. 하지만 그 사람이 어떤 생각을 가지고 사는지, 어떤 가치를 중요하게 여기는지는 알기가 어려워요.

그래서 '열 길 물속은 알아도 한 길 사람 속은 모른다'는 말이 있잖아요. 그렇다면 사람의 마음을 좀 더 깊이 이해할 방법이 있을까요? 바로 사주를 통해 그 사람의 심리와 욕구를 분석하는 것이에요.

사주에서는 사람의 타고난 기질, 음적인 기질이 강한지 양적인 기질이 강한지는 앞서 음양오행(陰陽五行)으로 분석해 봤어요. 이제는 기질이 아니라 그 사람이 어떤 심리가 강한지 어떤 것에 가치 기준을 두고 살아가는지는 십성(十星)을 통해 분석할 수 있어요. 십성은 사람의 심리적 특징과 욕구를 분석할 수가 있어요. 그것을 알고 나면 눈으로 보이지 않는 부분까지 판단이 가능하여 자신과 상대를 더 잘 이해할 수가 있어요.

예를 들어, 어떤 사람은 독립적인 성향이 강할 수도 있고, 어떤 사람은 감성이 풍부해서 창의적인 일을 좋아할 수도 있어요. 또 어떤 사람은 돈과 성공을 중요하게 여기고, 다른 사람은 군인처럼 규율과 원칙을 지키며 명예롭게 사는 걸 중시할 수도 있어요.

● 십성 분석에서 중요한 사항

사람의 심리와 욕구를 분석할 때는 십성이 어떤 점수로 나타나는지가 중요해요. 특히, 없는 십성과 과다한 십성을 주의 깊게 살펴봐야 해요. 없는 십성은 부족한 부분을 채우려는 욕구로 강하게 나타날 수 있고, 과다한 십성은 지나치게 발현되면서 단점으로 작용할 가능성이 커요.

■ 없는 십성(0점)

해당 십성이 없다고 해서 그 욕구가 없는 것이 아니에요. 오히려 없기 때문에 더 채우려는 경향이 강하게 나타날 수 있어요.

예를 들면, 재성이 없다고 해서 재물에 대한 욕심이 없는 것이 아니라, 오히려 재물을 더 추구하거나 불안감을 느끼며 집착하는 성향으로 나타날 수도 있어요. 없는 십성은 없는 부분에서 인간관계나 심리적, 사회적 부분에서 문제가 발생할 수 있어요.

■ 적당한 십성(10~40점)

해당 십성이 1~2개 정도로 적당하게 나타나면, 그 십성의 장점이 자연스럽게 발현될 가능성이 커요.

예를 들어, 비겁이 적당하면 주체성이 강하면서도 협력적인 모습을 가질 수 있고, 식상이 적당하면 창의성을 발휘하면서도 안정적으로 활동할 수 있어요. 균형 잡힌 십성 분포는 자연스럽고 조화로운 성향을 형성하는 데 도움을 줘요.

■ 과다한 십성(50점 이상)

"과한 것은 부족함만 못하다"라는 말이 있듯, 특정 십성이 3개 이상이거나 50점 이상이 되면 너무 강해 단점으로 작용할 가능성이 커요.

예를 들어, 관성이 과하면 지나치게 원칙을 고수해 경직된 태도를 보이거나 스트레스를 받을 수 있어요. 재성이 과하면 재물에 대한 집착이 강해져 인간관계에서도 손익을 따지는 경향이 커질 수 있어요.

이제 십성을 다섯 가지 심리 유형과 사회적으로 추구하는 욕구로 나누어 쉽게 설명해 볼게요.

♠ 십성으로 알아보는 심리 유형과 사회적 욕구

■ 비겁(비견과 겁재)
심리 유형: 독립 심리
사회적 욕구: 리더십, 대인관계에서의 주도성

독립 심리를 가진 사람들은 자율성과 주체성을 중요하게 여겨요. 자신의 힘으로 무언가를 해내려는 의지가 강하며, 남들과 비교하며 경쟁하는 걸 즐겨요. 하지만 고집이 강하고 타인의 조언을 쉽게 받아들이지 않는 경향이 있어요. 때문에 협력보다는 독립적인 방식으로 목표를 이루려는 성향이 강할 수 있어요.

사회적으로는 대인관계를 통해 자신의 존재감을 드러내고, 인정받고 싶은 욕구가 강해요. 단순한 교류보다는 주도적인 역할을 맡으며 영향력을 행사하는 관계를 추구하는 특징이 있어요.

■ 식상(식신과 상관)
심리 유형: 표현 심리
사회적 욕구: 창의적 활동과 사회적 영향력

표현 심리를 가진 사람들은 자기 생각과 감정을 자유롭게 드러내는 것을 중요하게 여겨요. 창의적이고 감수성이 풍부하며, 틀에 갇히지 않고 새로운 시도를 즐기는 성향이 강해요. 예술적 재능이 있거나 말, 행동, 작품 등으로 자신을 표현하는 데 능숙해요. 하지만 변덕스러운 면이 있어 싫증을 잘 내거나 한 가지에 오래 집중하지 못할 수도 있어요.

사회적으로는 일과 활동을 통해 자신의 존재감을 드러내고, 인정받고 싶은 욕구가 강해요. 자신이 주체적으로 움직일 수 있는 환경에서 능력을 발휘하며, 창조적인 활동을 통해 사회적 영향력을 넓히려는 특징이 있어요.

■ 재성(편재와 정재)
  심리 유형: 현실 심리
  사회적 욕구: 재물 성취, 부

현실 심리를 가진 사람들은 실질적인 성과와 물질적인 안정에 대한 욕구가 강해요. 돈과 성공을 중요한 가치로 여기며, 목표를 이루기 위해 현실적이고 전략적으로 행동해요. 재물과 기회를 다루는 감각이 뛰어나며, 경제적 성공을 통해 사회적 입지를 다지려는 성향이 강해요. 하지만 지나치게 물질적 가치에 집착할 경우 탐욕적으로 보일 수 있어요. 또한, 단기적인 이익을 우선시하다 보면 장기적인 신뢰를 놓칠 위험도 있어요.

사회적으로는 부와 성취를 통해 인정받고, 경제적인 영향력을 행사하고 싶은 욕구가 강한 특징이 있어요.

■ 관성(편관과 정관)
  심리 유형: 규율 심리
  사회적 욕구: 명예 추구

규율 심리를 가진 사람들은 원칙과 질서를 중요하게 여기며, 강한 책임감을 가지고 있어요. 맡은 일을 끝까지 완수하려 하며, 사회적 도덕성과 윤리를 중시하는 성향이 강해요. 하지만 규율과 원칙을 너무 강조하면 유연성이 부족해지고, 스트레스를 많이 받을 수 있어요. 자신뿐만 아니라 타인에게도 엄격한 기준을 적용하려는 경향이 있는데, 이는 융통성을 기르면 더 건강한 관계가 형성되면서 본인도 편안할 수 있어요.

이런 사람들은 돈보다는 명예를 추구하는 경향이 강해요. 재물보다 사회적으로 인정받고 영향력을 행사하는 것을 더 중요하게 여기며, 자신이 맡은 자리에서 책임을 다하는 것이 가장 큰 가치라고 생각해요. 사회적으로 명예, 권위, 신뢰를 기반으로 사회적 영향력을 행사하고, 조직이나 공동체에서 중요한 역할을 담당하는 것을 추구하는 사람들이에요.

■ 인성(편인과 정인)
심리 유형: 탐구 심리
사회적 욕구: 학문과 전문성의 인정

탐구 심리를 가진 사람들은 지적 호기심이 많고, 깊이 있는 사고를 즐겨요. 새로운 것을 배우는 것을 좋아하며, 직관력이 뛰어나 복잡한 개념도 쉽게 이해할 수 있어요. 하지만 너무 많은 것을 고민하다가 결정을 미루거나, 실행력이 부족할 수도 있어요. 또한, 조용하고 사색적인 성향이 강해 사회적 관계에서 소극적인 태도를 보일 가능성이 높아요. 적절한 실행력을 기르면 배운 것을 현실에서 더욱 잘 활용할 수 있어요.

사회적으로는 학문적 연구나 지식 전달을 통해 영향력을 행사하고, 전문 분야에서 인정받는 것을 추구하는 사람들이에요.

■ 예시 사주로 알아보는 심리 유형과 사회적 욕구

위에서 기질 분석을 했던 두 가지 예를 가지고 심리를 분석해 볼게요.

예시 1 2020년 2월 23일(양력) 15:00 여자

	시주(時柱)	일주(日柱)	월주(月柱)	연주(年柱)
천간(天干)	乙 (을)	丙 (병)	戊 (무)	庚 (경)
십성(十星)	정인	일간(나)	식신	편재
수치 분포	10	10	10	10
지지(地支)	未 (미)	申 (신)	寅 (인)	子 (자)
십성(十星)	상관	편재	편인	정관
수치 분포	20	20	30	10

	목	화	토	금	수
개수	2	1	2	2	1
수치	40	10	30	30	10
십성	인성	비겁	식상	재성	관성
심리	탐구 심리	독립 심리	표현 심리	현실 심리	규율 심리
욕구	학문	대인관계	활동성	재물	명예

이 사람은 과도하게 치우친 십성이 없고, 없는 십성도 없기 때문에 균형 잡힌 원만한 성향을 가지고 있어요.

탐구 심리(인성) 40점이 가장 높아 지적 호기심이 강하고, 학습과 사고력을 중요하게 여기는 특징이 두드러져요. 새로운 것을 배우고 분석하는 것을 즐기며, 깊이 있는 사고를 통해 문제를 해결하려는 경향이 강해요.

독립 심리(비겁)와 규율 심리(관성)가 각각 10점으로 주체성이 강하거나 책임감이 과중한 성향은 덜한 편이에요. 전반적으로 자신의 지식과 창의성을 활용해 현실적인 성취를 이루려 하며, 극단적인 성향 없이 조화로운 균형을 유지하는 사람이에요.

사주가 고루 균형이 잡힌 덕분에 다양한 환경에서 적응력이 뛰어나며, 인간관계는 부드럽고 유연한 태도를 가질 가능성이 커요. 이 사람은 조직의 규율에 얽매이기보다는, 자유롭고 독창적인 환경에서 자기만의 방식으로 성취를 이루는 것이 중요해요. 교육, 기획, 컨설팅, 예술, 콘텐츠 창작, 심리 상담 등의 분야에서 강점을 발휘할 가능성이 높아요.

예시 2 설명을 위한 가상 사주

	시주(時柱)	일주(日柱)	월주(月柱)	연주(年柱)
천간(天干)	계 (癸)	丙 (병)	戊 (무)	庚 (경)
십성(十星)	정관	나	편관	편재
수치 분포	10	10	10	10
지지(地支)	未 (미)	申 (신)	子 (자)	子 (자)
십성(十星)	상관	편재	정관	정관
수치 분포	20	20	30	10

	목	화	토	금	수
개수	0	1	1	2	4
수치	0	10	20	30	60
십성	인성	비겁	식상	재성	관성
심리	탐구 심리	독립 심리	표현 심리	현실 심리	규율 심리
욕구	학문	대인관계	활동성	재물	명예

이 사람은 인성(탐구 심리)이 전혀 없어 지적 호기심과 깊이 있는 사고력이 부족할 가능성이 커요. 새로운 지식 습득이나 창의적 접근이 어려울수 있으며, 기존의 원칙과 질서를 따르는 경향이 강해요. 이를 보완하려면 책을 읽거나 다양한 경험을 통해 사고력을 키우고, 열린 자세로 배움을 받아들이는 태도를 기르는 것이 중요해요.

반면에 규율 심리(관성)가 지나치게 강해 스트레스를 많이 받을 가능성이 커요. 책임감과 원칙을 철저히 따르지만, 융통성이 부족하고 스스로에게도 지나치게 엄격한 태도를 보일 수 있어요.

이로 인해 타인에게도 높은 기준을 요구하며, 경직된 태도가 사회적 관계에서 갈등을 초래할 수 있어요. 따라서 유연한 사고와 감정 조절을 통해 규율 심리의 부담을 완화하고, 마음을 조급해 하지 않고 편안하게 생각하며 스트레스를 줄이는 것이 중요해요. 창의성이나 독립성이 중요한 직업보다는, 명확한 역할이 주어지는 직업에서 강점을 발휘할 가능성이 커요. 체계적인 환경에서 안정적으로 일할 수 있는 직업이 적합하다고 할 수 있어요. 공무원, 군인, 보안, 행정, 기획 등의 분야에서 능력을 발휘할 가능성이 높아요.

사주에서 일주가 같더라도, 오행의 분포에 따라 기질과 심리, 사회적 욕구와 직업적성이 크게 달라져요. 같은 병신(丙申)일주라도 사주를 볼 때 단순히 일간, 일주만 보는 것이 아니라, 오행의 흐름과 균형을 함께 고려해야 하는 이유가 바로 여기에 있어요. 같은 일주여도 완전히 다른 두 사람을 비교해 보면 제시된 표와 같아요.

비교 항목	예시1 오행 골고루	예시2 금수(金水) 강함
기질	양적인 기질 창의적, 활동적, 표현력 중시 대인관계 원만	음적인 기질 현실적, 체계적, 신뢰와 명예 중시
심리	자기표현 욕구 강함, 자유로운 심리	현실적이면서도 규칙과 절제를 중시하는 심리
사회적 욕구	창의적인 활동과 자유로운 환경 선호	현실성이 있는 신뢰와 안정된 환경 선호
직업 적성	교육, 연구, 마케팅 콘텐츠 기획	법률, 금융, 행정, 경영, 군인, 경찰

4

사주로 보는 성격의
구성 요소

우리의 성격은 타고난 기질뿐만 아니라 삶의 경험이 종합적으로 작용한 결과물이에요. 선천적인 오행과 음양의 기질이 기본 성향을 결정하고, 십성은 사고방식과 감정을 형성해요. 사회적 욕구를 통해 재물이나 명예 등 삶의 목표가 드러나며, 신살이 더해지면서 특정 성향이 강화되거나 변형되죠

결국, 성격은 타고난 기질과 살아온 경험이 어우러진 종합적인 결정판이라 할 수 있어요.

♠ 성격의 조각들: 무엇이 우리를 만드는가?

구성 요소	성격 구분	예시
기질	음양과 오행 성격의 기본 틀 타고난 본성	목(木)은 도전과 성장 지향적 금(金)은 결단력과 냉철함
심리	십성 사고 방식과 감정 흐름 내면적 성향	비겁은 주체성 강함 재성은 물질적 성공 중시
사회적 욕구	십성 사회적 동기와 목표 역할과 욕구	관성은 명예, 신뢰에 대한 욕구 인성은 학문적 성취 욕구
신살	특수한 성향 특정 성격 강화	괴강, 백호살은 강한 추진력 현침, 곡각은 예민하고 세밀
환경과 선택	쌍둥이가 아니더라도 같은 사주를 가진 사람들이 서로 다른 성격을 가지는 이유는 타고난 기질뿐만 아니라, 어떤 부모를 만나고 어떤 환경에서 성장했는지가 영향을 미치기 때문이에요.	

서로 다른 성격은 충돌의 이유가 아니라 이해의 기회예요. 나와 다른 방식이 틀린 게 아니라, 또 하나의 방식이라는 걸 받아들이는 순간 관계가 깊어지고 편안해져요.

5

오행과 십성으로 분석하는
진로와 적성

우리는 모두 각기 다른 성향과 능력을 갖추고 태어나요. 하지만 어떤 직업이 나와 잘 맞을지, 어떤 환경에서 능력을 발휘할 수 있을지 고민하는 경우가 많아요. 자신이 어떤 일을 하면 좋을지, 어떤 분야에서 성공할 가능성이 높은지 알고 싶다면, 사주명리학이 도움이 될 수 있어요. 사주에서는 오행과 십성을 통해 개인의 진로와 적성을 분석할 수 있어요.

첫째, 오행(五行)으로 직업을 선택하는 방법이 있어요. 오행은 타고난 기질을 나타내며, 우리가 세상을 바라보는 방식과 행동 패턴을 결정해요. 오행으로 자신의 성격과 기질을 활용하여 직업을 선택하는 방법이에요. 예를 들어, 목(木)이 강한 사람은 도전과 성장을 중심으로 창의성이 중요한 직업이 잘 맞을 수 있고, 금(金)이 강한 사람은 분석력과 관리 능력이 요구되는 직업에서 능력을 발휘할 가능성이 커요.

두 번째는 십성을 활용한 직업 선택 방법이에요. 십성(十星)은 사회적 욕구와 심리 속에서 직업적 성향을 보여줘요. 예를 들어, 정관(正官)이 강한 사람은 공무원이나 조직 내에서 규칙을 따르는 직업이 적합할 수 있으며, 상관(傷官)이 강한 사람은 틀에 얽매이지 않는 창의적인 직업이 더 잘 맞을 수 있어요. 오행과 십성의 특징을 바탕으로 자신에게 적합한 진로를 찾는 방법을 소개하려고 해요. 사주 속에 숨겨진 직업적 성향을 분석하면, 단순히 인기 있고, 돈을 많이 버는 직업을 선택하는 것이 아니라, 자신의 기질에 맞는 직업을 찾아 더 즐겁고 안정적인 경력을 쌓을 수 있어요.

● 업상대체(業象代替): 사주를 보완하는 직업 선택

'업상대체(業象代替)'라는 개념은 사주에서 배우자나 특정 부분이 불리하게 작용하더라도, 자신의 오행이나 십성에 맞는 타고난 직업을 선택하면 조화를 이루며 잘 살아갈 수 있는 원리예요. 여러 역학자는 필자의 사주를 보고 배우자로 인한 어려움을 예견했어요.

필자는 목(木)의 기운이 강한 사주를 가지고 있는데, 학생들을 가르치는 직업이 기질과 잘 맞았어요. 물론 처음부터 사주를 알고 직업을 선택한 것은 아니었지만, 결과적으로 필자와 배우자가 가르치는 직업을 가지면서 사주에서 예견된 불리한 부분이 자연스럽게 해소되었어요. 30년이

흐른 지금까지 원만하고 행복한 결혼생활을 하고 있어요. 이는 직업을 통해 배우자의 불리한 기운을 직업으로 보완하여 '업상대체'가 되었기 때문이에요.

자신의 사주에 맞는 직업을 선택하는 것은 단순한 생계 수단을 넘어, 인생 전반의 안정과 조화를 이루는 중요한 요소예요. 사주는 운명을 결정 짓는 것이 아니라, 개인에게 적합한 직업과 환경을 찾아 조화로운 삶을 살 아갈 수 있도록 방향을 제시하는 도구예요. 그런 의미에서 사주에 맞는 진로 적성을 찾는 것은 중요해요.

● 오행(五行)으로 보는 진로 작성(50점 이상)

오행	성향	직업
목 (木)	도전과 성장	· 교육, 기획, 예술 관련 분야 적합 · 학생과 관련하여 가르치는 분야 · 스타트업 창업자, 디자이너 및 예술가
화 (火)	열정과 표현	· 미디어, 연예인, 심리상담, 디자인, 음악, 미술 분야 적합 · 유튜버, 인플루언서, 팟캐스터
토 (土)	안정과 균형	· 부동산, 행정, 컨설팅, 요식업 관련 적합 · 땅과 관련한 직업 · 중개업이나 피부 관련 직업
금 (金)	규제와 절제 분석력	· 공직자, 군인, 검사, 경찰, 교도, 세무, 의사, 법률, 금융, 의료시술, 직장인 · 사업이나 자영업자는 체질이 아님
수 (水)	지혜와 유연성	· 학교, 학생 관련 가르치는 직업 · 아이디어, 생명공학, 바이오, 발명, IT, 벤처, 연구분야 · 블로거 및 콘텐츠 크리에이터, 작사·작곡, 작가

오행은 각자의 성향과 에너지를 나타내기 때문에, 강한 오행이 무엇인지에 따라 진로 적성이 달라져요.

♠ 십성(十星)으로 보는 진로 적성(50점 이상)

십성	직업 성향	직업 종류
비견	독립적이고 자기주도적인 직업	· 독립적, 창업, 스포츠, 무역, 창업가, 스타트업 CEO · 프리랜서, 유튜버, 1인 콘텐츠 제작자
겁재	리더십과 팀워크를 중시하는 다이나믹한 직업	· 리더십, 영업, 정치, 금융, 대규모 사업 · 스포츠 감독, 코치 · 주식 트레이더, 금융 투자자 · 이벤트 기획, 공연 기획자
식신	편안하고 자유롭고 창조적이고 감각적인 직업	· 예술, 요리, 창작, 서비스업, 여행업 · 교육 관련 직업, 유튜버, 인플루언서, 식음료 유통업
상관	표현력과 도전 정신이 필요한 직업	· 기획, 마케팅, 방송, 창의적인 직업 · 연예인, 방송인, 모델, 광고, 홍보전문가 · 마케팅 · 브랜딩 전문가
편재	영업, 투자, 무역, 유통업 등 자금 흐름이 중요한 직업	· 투자, 유통, 무역, 영업, 무역업 · 글로벌 비즈니스, 엔터테인먼트 관련 사업, 카지노 오락 산업, 주식, 선물 트레이더
정재	안정적이고 실용적인 직업	· 안정적, 금융, 부동산, 회계, 공무원 · 세무사, 행정직, 프랜차이즈 사업
편관	강한 리더십과 도전적인 직업	· 도전적, 스포츠, 보험, 경찰, 군·검·경, 경찰 특공대 · 폭발물 전문가, 활인업, 의료

정관	원칙을 중시하고 조직에서 인정받는 직업	· 공무원, 행정직, 대기업 중간 관리자, 교수 · 교육 관련 직업
편인	기존의 틀을 깨고 새로운 것을 탐구하는 직업	· 심리학, 철학, IT, 예술, 연구개발 · 예술가 (화가, 조각가, 작가), 철학자, 명리학자 · 종교 지도자, 블록체인 AI 개발자, 암호화폐 관련
정인	학문적이고 안정적인 직업	· 교육, 학문, 의료, 연구직, 상담업 · 심리 상담사, 정신과 의사, 도서관 사서, 출판 편집자

● 조화로운 사주 vs 치우친 사주: 오행과 십성의 균형

사람은 태어날 때부터 각기 다른 기질을 타고나며, 이는 오행과 십성의 분포를 통해 알 수 있어요. 오행은 타고난 기질을 결정하고, 십성은 사회 속에서의 욕구와 심리를 보여주는 중요한 요소예요. 이를 잘 이해하면 자신의 강점과 약점을 파악하고, 진로 선택에도 도움을 받을 수 있어요.

자신의 사주를 쉽게 분석하는 방법의 하나는 만세력 앱을 활용해 오행과 십성의 점수를 계산해 보는 것이에요. 이를 통해 오행이 고르게 분포되어 있는지, 특정 오행이 강하거나 약한지를 확인할 수 있어요.

오행과 십성이 고루 분포된 경우, 전반적으로 균형 잡힌 성향을 가지며 다양한 환경에 적응하는 능력이 뛰어나요. 하지만 반대로 뚜렷한 개성이 부족할 수도 있고, 특정한 강점이 두드러지지 않을 가능성도 있어요.

이에 반해 특정 오행이나 십성이 과도하게 강한 경우, 해당 요소의 특징이 극대화되어 강한 개성과 뛰어난 능력을 갖출 수 있지만, 성향이 한쪽으로 치우쳐 조화를 이루기 어려울 수도 있어요.

예를 들어, 비겁(比劫)이 강하면 독립적이고 도전적인 성향이 강하지만 협업이 어려울 수 있고, 관성(官星)이 강하면 책임감이 크지만, 스트레스를 받을 가능성이 커요. 그래서 자신의 오행과 십성이 어떻게 분포되어 있는지를 이해하는 것이 성격과 진로를 결정하는 데 중요한 기준이 돼요. 어릴 때는 자신이 무엇을 잘하고 좋아하는지 명확히 알기 어려운 경우가 많아요. 학교나 직업을 선택하는 과정에서도 막막함을 느낄 수 있죠. 이럴 때 오행과 십성의 분포를 분석하면 자신의 강점과 적성을 찾는 데 힌트를 얻을 수 있어요. 오행이나 십성이 50점 이상이면 그 부분이 치우쳐 있어 단점이 될 수 있지만, 직업으로 선택하면 강점이 될 수 있어요.

특히 부모님이나 주변의 기대와 강요로 인해 선택한 길이 오히려 후회로 이어지는 경우도 많아요. 억지로 자신과 맞지 않는 일을 선택하면 지속적인 스트레스를 받을 가능성이 크고, 삶의 만족도가 떨어질 수 있어요.

결국, 가장 행복하고 성공할 확률이 높은 길은 자신이 좋아하고 잘하는 일을 선택하는 것이에요. 자신의 사주를 이해하고, 오행과 십성의 조화를 살펴보면서 적성과 진로를 고민해 본다면 보다 자연스럽게 자신의 길을 찾을 수 있을 거예요.

6

사주로 읽는
건강 시그널

사주는 타고난 기질을 분석할 뿐만 아니라 건강 상태를 진단하는 데도 활용될 수 있어요. 건강 상태를 파악하는 것은 십성이 아니라 오행으로 판단해요. 오행은 신체의 각 기관과 연결되며, 특정 오행이 과하거나 부족하면 건강에 영향을 줘요. 균형 잡힌 오행은 기운의 흐름을 원활하게 만들어 건강을 유지하지만, 특정 오행이 지나치게 강하거나 약하면 신체의 취약점이 생길 수 있어요. 사주는 이러한 오행의 흐름을 분석해 건강상의 취약점을 미리 파악하는 데 도움을 줘요.

사주를 활용하면 개인에게 적합한 건강 관리법을 찾고 예방적인 접근이 가능해요. 자연의 조화를 따르는 삶이 건강 유지의 기본이며, 사주는 그 원리를 탐구하는 중요한 도구예요. 사주의 흐름을 이해하는 것이 곧 건강한 삶을 위한 지혜로운 선택이 될 거예요.

⬠ 오행이 과다할 때 나타나는 증상

오행	신체 부위	오행이 과다하거나(50점 이상) 없을때 나타나는 증상
목 (木)	간, 담낭 근육, 눈 신경계	· 목(木)이 많으면 간이 쉽게 피로해지고, 스트레스를 잘 받음 · 부족하면 근육이 약하고, 눈이 피곤
화 (火)	혈압, 심장 혈액, 소장 순환계	· 화(火)가 많으면 혈압이 높거나 심장 예민 · 부족하면 혈액순환이 안 되고 기운이 없음
토 (土)	위, 비장 소화기, 면역력 근육계	· 토(土)가 많으면 위장 기능이 민감하고, 소화 장애가 있음 · 부족하면 면역력이 약해지고 쉽게 지침
금 (金)	폐,대장 피부, 호흡기 골격계	· 금(金)이 많으면 피부 건조하고, 폐가 약함 · 부족하면 호흡기 질환(비염, 천식)에 취약
수 (水)	신장, 방광, 생식기 뼈, 귀, 혈액계	· 수(水)가 많으면 신장이 부담을 받을 수 있고, 몸이 잘 붓거나 냉증이 있음 · 부족하면 뼈가 약하고, 노화가 빨라짐

● 부족한 오행을 보완하기 위한 생활 습관

부족한 오행	생활 습관
목(木)	녹색 채소, 등산, 요가, 규칙적인 운동
화(火)	따뜻한 음식, 햇빛 쬐기, 심장 강화 운동
토(土)	과식 주의하고 소화기 부담 줄이기
금(金)	호흡기 강화 운동, 폐 건강 신경 쓰기
수(水)	충분한 수분 섭취, 신장 건강 관리

● 너무 많아 문제가 되는 오행을 조절하기 위한 생활 습관

과다한 오행	생활 습관
목(木)	지나친 경쟁심 줄이고 휴식하기, 일을 저지르는 습관 버리기
화(火)	마음을 다스리고, 스트레스 관리하기, '욱'하는 성격 자제하기
토(土)	과식 주의하고 소화기 부담 줄이기, 운동하는 습관 들이기
금(金)	감정을 적절히 표현하며 긴장 풀기, 완벽주의 성향 버리기
수(水)	지나친 생각 줄이고, 따뜻한 생활하기, 밖으로 나가 햇볕 쬐기

7

오행 균형이 깨질 때

사주는 오행이 서로 균형을 이루고 있을 때 가장 조화롭고 안정적인 것으로 여겨요. 그런데 이 오행과 십성의 균형이 깨지면 심리적인 문제, 성격적인 갈등, 사회적 어려움, 건강 문제 등 다양한 문제가 생길 수 있어요.

사주에서는 한 오행이 너무 많아도, 반대로 아예 없거나 고립되어 있어도 문제가 생길 수 있다고 봐요. 한 오행이 과도하면 그 기운이 다른 기운과 충돌하거나 과잉 반응을 일으켜 어려움을 만들 수 있고, 어떤 오행이 부족하거나 '고립'된 경우에도 그로 인한 불안정함이 나타날 수 있어요. '고립'이란, 어떤 오행이 사주 안에서 혼자 외롭게 있는 상태를 말해요. 나를 도와주거나 나와 같은 성질을 가진 오행은 하나도 없고, 오히려 나를 누르거나, 내가 힘을 써서 도와줘야 하는 기운들만 주변에 있는 경우예요. 이런 상황에서는 기운이 약해지고, 마음도 지치며, 삶의 흐름이 막히는 듯한 느낌을 받을 수 있어요.

♠ 특정 오행이 많을 때 나타나는 현상(50점 이상)

오행이 많다는 것은 해당 오행의 기운이 강하게 작용한다는 뜻이에요. 그 기운이 조화롭게 작용하면 강점이 되지만, 지나치면 단점으로 나타날 수도 있어요. 특정 오행이 과다하고 많다는 것은 수치로 50점 이상 되는 오행이 있을 때를 말해요.

많은 오행	구분	설명
목 (木)	성격	· 이상이 높고, 도전적이며 창의력이 뛰어남 · 과다하면 고집이 세고, 계획만 세우고 실행력이 부족할 수 있음
	인간관계	· 자기주장이 강해 남들과 부딪힐 가능성이 있음
화 (火)	성격	· 열정적이고 카리스마가 있음 · 과다하면 감정 기복이 크고, 충동적일 수 있음
	인간관계	· 주목받고 싶어 하는 성향이 강한 에너지로 인해 자신도 피곤하고 남도 피곤하게 함
토 (土)	성격	· 신중하고 현실적이며, 신뢰를 주는 성향 · 과다하면 걱정이 많고, 우유부단할 수 있음
	인간관계	· 안정적인 관계를 원하지만, 지나치게 보수적이라 답답하게 느껴질 수도 있음.

금 (金)	성격	· 논리적이고 냉철하며, 분석력이 뛰어남. · 과다하면 감정 표현이 부족하고, 완벽주의 성향이 강하며 냉정하게 느껴짐
	인간관계	· 규칙과 원칙을 중요하게 여겨 융통성이 부족 · 맺고 끊는 것을 잘해 주변 사람이 떠나감
수 (水)	성격	· 감성이 풍부하고, 지혜롭고 유연함 · 과다하면 우울감이나 의심이 많고, 현실 감각이 떨어짐 · 생각만 많고 행동력이 떨어짐
	인간관계	· 감정 기복이 심해 예측하기 어렵다는 인상 · 자신의 속내를 드러내지 않아 알 수 없는 사람이라는 인상을 줄 수 있음

♣ 특정 오행이 없을 때 나타나는 현상

오행이 없다는 것은 그 오행의 기운이 부족하거나, 영향을 거의 받지 않는다는 의미예요. 이럴 때는 그 오행이 의미하는 성향이나 능력이 약하게 나타날 수 있어요.

없는 오행	구분	설명
목 (木)	성격	· 도전 정신이 부족하고, 창의력이 약함 · 새로운 것을 시작하는 데 어려움을 느낌
	보완 방법	· 나무가 많은 환경에서 생활하거나, 초록색을 활용하고, 신선한 채소를 많이 먹으면 좋음
화 (火)	성격	· 열정이나 표현력이 부족함 · 감정이 쉽게 겉으로 드러나지 않음
	보완 방법	· 빨강색을 활용(속옷, 그림)하고, 따뜻한 음식과 햇볕을 많이 쬐면 좋음

토 (土)	성격	• 안정감이 부족하고, 현실 감각이 부족함 • 지나치게 이상적이거나 계획성이 부족
	보완 방법	• 흙과 가까운 환경(산책, 등산)을 즐기고, 균형잡힌 식사를 신경 써야 함
금 (金)	성격	• 논리적 사고가 부족하고, 감정적으로 행동할 가능성이 큼 • 원칙보다는 감정이나 관계를 중시함
	보완 방법	• 하얀색 계열의 옷을 입고, 금속 액세서리를 활용하는 것도 도움이 됨
수 (水)	성격	• 지혜와 직관이 부족할 수 있고, 융통성이 떨어질 수 있음 • 변화를 두려워하고, 감정 표현이 어려움
	보완 방법	• 물을 충분히 마시고, 수영이나 물과 관련된 활동을 하는 것 이 좋음

8

십성의 균형이 깨질 때

    십성과 오행을 구분해서 분석해야 하는 이유는, 이 두 가지가 사주에서 다르게 작용하기 때문이에요. 오행은 타고난 기질과 건강의 관점에서 주로 분석해요. 십성은 사회적 욕구(대인관계, 활동, 재물, 명예, 공부), 심리적 욕구(독립, 표출, 현실, 규율, 탐구), 인간관계(부모님, 배우자, 형제자매, 자식)에서 더 구체적으로 분석하는 것이라 오행과 십성은 분명하게 달라요.

    십성이 과다할 때는 십성의 성격이 과도하게 나타나거나, 지나치게 강한 성향을 보일 수 있어요. 예를 들어, 재성이 과다하면 재물에 대한 욕망이 강해 경제적인 집착이 강해진다고 봐요.

　오행이 과다할 때는 신체의 특정 부분이 과하게 활성화되어 건강에 부담을 줄 수 있어요. 예를 들어, 화(火)가 과다하면 심장에 부담이 가고, 과도한 스트레스나 불면증을 초래할 수 있어요. 십성과 오행이 많을 때와 부족할 때는 구분해서 다뤄야 해요.

● 특정 십성이 많을 때 나타나는 현상(50점 이상)

많은 십성	구분	설명
비견 겁재 多	성격	· 고집과 아집이 강하고 경쟁의식이 심함 · 주변 사람들에게 이용당할 수 있음 · 비견과 겁재가 많으면 주변인으로 인한 문제 발생 우려
	문제점	· 고집이 세고, 타인의 의견을 잘 듣지 않는 경향이 있음 · 독단적이라 서로 협력하는 일이 어려움
	해결 방안	· 타인의 의견을 존중하는 연습이 필요 · 주변의 친구나 동료를 무작정 믿지 말 것
식신 상관 多	성격	· 감정 기복이 심하고 일관성과 지속성 부족 · 이것 저것 다 참견하고 호기심 천국임 · 선민성이 강하고 야당성이 강함 · 하극상 기운이 강하고 남에게 지지 않음
	문제점	· 규칙을 싫어하고, 참견을 많이 함 · 자기 주장이 강해 갈등의 가능성이 큼
	해결 방안	· 현실적인 목표 설정과 인내력 배양 · 따뜻한 성향의 사람이라 감정적인 대응을 줄이면 더 좋은 관계를 맺을 수 있음

편재 정재 多	성격	· 정재 성향의 사람은 실리적이고 현실적 · 편재는 고수익 고위험의 성향이 있어 돈 관리를 잘하는 것이 중요함
	문제점	· 돈을 모으기보다는 쓰는 성향이 강할 수도 있고(편재), 욕심이 많아질 가능성이 있음
	해결 방안	· 재성이 많거나 없으면 부동산 등 모든 문서관리는 배우자에게 일임하는 것이 좋음 · 재물 관리 습관을 기르고, 돈에 대한 집착을 줄이는 것이 필요함
편관 정관 多	성격	· 스트레스를 많이 받음 · 책임감이 강하고 원칙을 중시, 지나치게 엄격하거나 심리적 부담 을 많이 느낌 · 한 직장에 꾸준하지 못하고 직장의 이동이 심함 · 공무원은 되기 어려움
	문제점	· 스트레스가 많고, 완벽주의 성향이 강함 · 자신을 몰아붙이는 경우가 많음
	해결 방안	· 유연한 사고를 기르고, 완벽하지 않아도 괜찮다는 편안한 마음 가짐 필요
편인 정인 多	성격	· 고집이 세고 대인관계가 원만하지 않음 · 어머니의 영향력이 큼 · 외골수로 어느 한 곳의 장인정신이 있음
	문제점	· 지나치게 신중해 실행력이 떨어짐 · 행동은 하지 않고 걱정이 많음
	해결 방안	· 생각보다는 행동을 먼저 하는 연습 필요 · 현실적인 목표를 세우는 것이 좋음 · 종교나 교육처럼 사람을 돕거나 이롭게 하는 일이 좋음

◆ 특정 십성이 없을 때 나타나는 문제

십성이 없다는 것은 해당 기운이 부족하거나, 해당 성향이 약하다는 의미예요. 특정 십성이 없다고 해서 꼭 문제가 생기는 것은 아니지만, 삶의 특정 부분에서 어려움을 겪을 수 있어요.

없는 십성	구분	설명
비견 겁재 無	문제점	· 독립성이 부족하고, 자신의 의견을 강하게 주장하기 어려움
	해결 방안	· 자신감을 기르고, 스스로 결정을 내리는 연습이 필요
식신 상관 無	문제점	· 창의력이나 표현력이 부족할 수 있음 · 감정을 드러내는 것이 어려울 수도 있음
	해결 방안	· 예술 활동이나 자기 표현을 연습할 것
편재 정재 無	문제점	· 돈 관리가 어렵거나, 재물에 대한 감각이 부족할 수 있음
	해결 방안	· 재정 관리에 신경 쓰고, 경제 관념을 기르는 것이 필요함 · 재정 관리를 본인이 하지 말고 부모님이나 배우자에게 맡기는 것이 좋음
편관 정관 無	문제점	· 책임감이 부족하거나, 규율을 따르는 것이 어려울 수 있음 · 하고 싶은 대로 행동함
	해결 방안	· 체계적인 목표 설정과 규칙적인 생활 습관을 기르는 것이 중요
편인 정인 無	문제점	· 배움에 대한 관심이 적거나, 감성적으로 여유가 부족할 수 있음
	해결 방안	· 책을 읽거나 스스로 성장할 수 있는 기회를 많이 가지는 것이 좋음

운명을 꿰뚫어 보는 법

사주에서 특별한 신살(천을귀인, 도화, 역마 등)들이 있어요. 이것을 알아야 하는 이유는 신살이 사람의 직업이나 성격, 삶의 전반적인 흐름에 중요한 영향을 미치기 때문이에요. 신살은 사람의 운명과 성향을 더욱 깊이 이해할 수 있는 중요한 단서가 되며, 그 사람의 삶에서 중요한 전환점을 예고하거나 성향을 정확히 분석하는 데 도움을 줄 수 있어요.

신살(神殺)은 한자로 신(神)과 살(殺)로 구성되어 있는데, 신(神)은 좋은 기운인 길신을, 살(殺)은 나쁜 기운인 흉신을 의미해요. 사주에서는 길신 보다 흉신이 훨씬 더 많아요.

앞으로 어떤 철학원을 가더라도 비싼 돈으로 부적을 쓰거나 나쁜 이야기를 중점적으로 하는 곳은 피하는 것이 좋아요. 철학원에서 들은 이야기들은 오래 기억에 남고, 그걸 기억하다 보면 왠지 모르게 그런 기운으로 흘러갈 수 있어요. 늘 자신의 삶을 긍정적으로 생각하고 스스로를 위안하며 살아야 내 인생이 좋은 방향으로 흘러가요. 살면서 누구에게나 고통과 선택의 갈림길은 와요. 그 고통이 디딤돌이 되느냐 걸림돌로 만드느냐 하는 것은 온전히 자신의 선택이라는 것을 명심하며 살면 돼요. 인생은 동전의 양면과 같아요. 어떤 면을 보는가는 온전한 자신의 몫이에요.

● 귀인의 손길, 나를 돕는 신살

자신의 일간을 기준으로 지지에 있는 귀인은 개인의 운명을 도와주고 긍정적인 영향을 주는 길신이에요. 일간(日干)을 기준으로 지지(地支)에, 아래에 해당하는 오행이 있으면 학문, 인연, 재물, 명예 등 다양한 방면에서 도움을 받을 수 있어요.

일간	甲	乙	丙	丁	戊	己	庚	辛	壬	癸
천을귀인	丑未	子申	亥酉	亥酉	丑未	子申	丑未	寅午	卯巳	卯巳
문창귀인	巳	午	申	酉	申	酉	亥	子	寅	卯
학당귀인	亥	午	寅	酉	寅	酉	巳	子	申	卯
금여록	辰	巳	未	申	未	申	戌	亥	丑	寅
암록	亥	戌	申	未	申	未	巳	辰	寅	丑

나의 일간이 갑목(甲木)이면 지지에 축(丑)이나 미(未)가 있으면 천을 귀인이 있는 거예요. 위치는 년지, 월지, 일지, 시지 어디에 위치하든 상 관없어요.

예를 들어, 아래 표의 사주가 남자라면 정재가 천을귀인이니 현모양처 의 좋은 배우자를 얻고 재물복이 있다고 해석해요.

■ 천을귀인(天乙貴人)

일주(日柱)	정 (丁)	정 (丁)	계 (癸)	계 (癸)
	해 (亥)	유 (酉)	묘 (卯)	사 (巳)
십성(十星)	정관	편재	식신	정재

천을귀인(天乙貴人)은 사주에서 귀한 길신의 하나로, 하늘에서 내려준 복을 받을 수 있는 귀한 존재를 의미해요. 사주에 천을귀인이 있으면, 어려운 상황에서 신의 보호를 받고 사회적으로 성공할 가능성이 커요. 단, 천을귀인이 형충(沖)을 당하거나 공망에 걸리면 천을귀인의 의미는 반감이 돼요(만세력 앱에서 확인 가능해요).

일주가 천을귀인인 경우는 정해(丁亥), 정유(丁酉), 계묘(癸卯), 계사(癸巳)로 60갑자 중 4개만 해당되며 나머지는 위의 도표를 참조하여 지지 어디에 있어도 천을귀인에 해당이 돼요

정해, 정유일주는 태어난 시간이 (亥子丑時 밤 21:30 ~ 03:30)
계묘, 계사일주는 태어난 시간이 (巳午未時 낮 09:30 ~ 15:30)

4개의 천을귀인 일주도 이 시간에 태어나야 천을귀인의 역할이 돼요. 일주가 천을귀인 역할을 하는 것이 쉽지는 않아요.

■ 문창귀인(文昌貴人)

문창귀인은 학문, 예술, 글쓰기 능력을 돕는 길신이에요. 사주에 문창 귀인이 있으면 총명하고 이해력이 뛰어나며 학업 운이 좋아요. 논리적인 사고가 강하고 표현력이 좋아 글을 쓰거나 연구하는 일에 유리해요. 문서, 출판, 교육, 학문 관련 분야에서 좋은 영향을 받을 수 있어요.

■ 학당귀인(學堂貴人)

학당귀인은 학문과 교육에 관련된 길신으로, 공부와 학습 능력을 돕는 신이에요. 사주에 학당귀인이 있으면 지직 호기심이 많고 학문을 좋아하는 성향이 강해요. 교육, 연구, 강의와 같은 분야에서 능력을 발휘하기 좋으며, 학업 성취도가 높은 편이에요.

■ 금여록(金輿錄)

금여록은 재물과 관련된 길신으로, 재물 운과 부를 모으는 능력을 의미해요. 사주에 금여록이 있으면 재물을 안정적으로 관리하고, 돈을 벌 기회가 많아져요. 사업이나 금융, 투자와 같은 재물 관련 분야에서 유리한 영향을 받을 수 있어요.

■ 암록(暗錄)

암록은 숨겨진 재물이나 능력을 의미하는 길신이에요. 겉으로는 드러나지 않지만 안정적인 재물 운을 가지고 있어요. 사주에 암록이 있으면 노력에 비해 재물이 모이거나 은밀한 재물 운이 따를 수 있어요.

예시 해(亥)시에 태어난 정해(丁亥)일주는 천을귀인으로 암록과 문창귀인, 학당귀인이 있는 사주예요.

시주(時柱)	일주(日柱)	월주(月柱)	연주(年柱)
	정 (丁)		
해 (亥)	해 (亥)	미 (未)	유 (酉)
	천을귀인 일주	암록	천을귀인 문창귀인 학당귀인

■ 월덕귀인(月德貴人)

월덕귀인은 달(月)의 덕을 받은 기운으로 온화하고 자비로운 성품을 지닌 사람에게 나타나요. 타인에게 도움을 주고 도덕적으로도 높은 평가를 받아요. 특히 인간관계에서 큰 도움을 받으며, 사회적으로 존경받는 위치에 오를 가능성이 커요. 월지에 있을 경우만 해당돼요.

월지	천간
해, 묘, 미 (亥, 卯, 未) 월생	갑 (甲)
인, 오, 술 (寅, 午, 戌) 월생	병 (丙)
사, 유, 축 (巳, 酉, 丑) 월생	경 (庚)
신, 자, 진 (申, 子, 辰) 월생	임 (壬)

예시 태어난 달을 의미하는 월지가 자(子)월생인데 천간에 임(壬)이 있으면 월덕귀인이 있다고 보는 거예요.

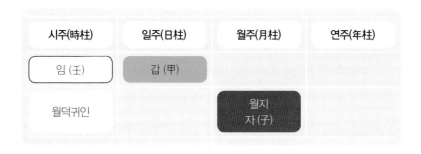

시주(時柱)	일주(日柱)	월주(月柱)	연주(年柱)
임 (壬)	갑 (甲)		
월덕귀인		월지 자(子)	

♠ 타고난 기질을 비추는 신살(괴강, 백호, 역마)

괴강, 백호, 역마와 같은 신살은 타고난 기질과 성향을 강하게 드러내는 요소예요. 괴강은 강인한 의지와 리더십을, 백호는 극단적인 기질과 강한 추진력을, 역마는 변동과 이동성이 강한 성향을 의미해요. 이러한 신살이 사주에 있으면 개성이 뚜렷하고 운세의 흐름에도 강한 영향을 미쳐요.

■ 괴강(魁罡)

경(庚)	경(庚)	임(壬)	임(壬)	무(戊)	무(戊)
진(辰)	술(戌)	진(辰)	술(戌)	진(辰)	술(戌)

괴강(魁罡)의 괴(魁)는 한자로 우두머리 괴로 강한 추진력, 독립적인 성향, 도전적인 기질을 나타내며, 자기주장이 강하고, 어려운 상황에서도 결

단을 내리는 능력이 뛰어나요. 이런 사람들은 리더십을 발휘하거나 큰 목표를 향해 도전하는 경향이 있어요.

주로 사업가, 정치인, 리더직, 군인, 관리자와 같은 직업에 적합하며, 결단력이 중요시되는 직업에서 두각을 나타낼 가능성이 커요. 하지만, 괴강의 성향이 지나치면 독단적이거나 고집이 세져서 사람들과의 갈등을 일으킬 수 있어요. 이런 기질을 잘 다스리면 강한 리더십을 발휘하여 카리스마 있는 리더가 될 수 있어요. 위 표의 6개의 괴강은 일주가 기본이며 다른 기둥에 더 있으면 작용이 커요. 갑진(甲辰), 갑술(甲戌), 병진(丙辰), 병술(丙戌)은 원래 괴강이라 하지는 않지만, 이 또한 괴강의 기운이 있다고 봐요. 즉 지지에 진(辰), 술(戌)이 있으면 괴강 기운이 있는 거예요.

예시 사주 원국에 괴강이 2개가 있으며 리더십과 카리스마가 있어요.

시주(時柱)	일주(日柱)	월주(月柱)	연주(年柱)
	임 (壬)		경 (庚)
	진 (辰)		진 (辰)
	괴강일주		괴강

예전에는 여자의 사주에 괴강살이 크게 있으면 팔자가 드세다고 하고, 안 좋게 보는 경우가 있었어요. 하지만 지금은 시대가 변하여 여성도 사회생활을 하고 남성과 동등한 대우를 받고 살아가는 세상이에요. 현대사

회에서는 사회적으로 출세한 여성, 국회의원, 장관, 판검사와 같은 여성 분들이 괴강을 가지고 있는 경우가 많아요.

■ 백호(白虎)

갑(甲)	을(乙)	병(丙)	정(丁)	무(戊)	임(壬)	계(癸)
진(辰)	미(未)	술(戌)	축(丑)	진(辰)	술(戌)	축(丑)

백호는 강력한 에너지, 위엄, 권위, 강한 정신력을 상징하는 글자로, 사주에 백호가 있으면 리더십을 발휘하며, 자신감을 가지고 문제를 해결하는 경향이 있어요. 또한, 성격이 직설적이고 결단력이 뛰어난 성향이에요. 백호의 사람들은 강한 의지와 목적을 가지고 목표를 달성하려는 성향이 강하고, 도전적이고 경쟁적인 환경에서 두각을 나타낼 수 있어요. 위 표의 7개의 기둥 백호는 일주가 기준이며 다른 곳에 있으면 작용이 커요.

예시 백호일주이며 연주에 백호가 있는 경우

시주(時柱)	일주(日柱)	월주(月柱)	연주(年柱)
	임 (壬)		정 (丁)
	술 (戌)		축 (丑)
	백호일주		백호

하지만 백호는 그 강한 에너지가 때로는 고집이나 독단으로 나타날 수 있어, 갈등이나 대립을 피하고자 배려와 협력도 중요한 요소가 될 수 있어요. 직업적으로는 관리자, 군인, 경찰, 경영자, 정치인 등에서 두각을 나타낼 가능성이 높아요. 부정적으로는 가까운 사람과의 이별을 암시하기도 해요.

■ 역마(驛馬)

3개 이상 있으면 역마성이 강하다고 해요.

* 일간: 을(乙; 을목일간), 기(己; 기토일간)
* 천간: 무무(戊戊), 임임(壬壬), 계계(癸癸)
* 지지: 미(未: 천역성), 술술(戌戌), 인신사해(寅申巳亥)

예시 무무(戊戊), 해(亥), 인(寅) 이 있어 역마성이 강하다고 해요.

시주(時柱)	일주(日柱)	월주(月柱)	연주(年柱)
	무 (戊)	무 (戊)	
해 (亥)	술 (戌)	인 (寅)	
역마	戊戊: 역마	역마	

역마는 끊임없는 이동과 변화를 상징하며, 활동적이고 자유로운 삶을 추구하는 성향을 의미해요. 사주에 역마가 강하면 한곳에 머무르기보다는 새로운 환경을 찾아 나서는 경향이 있으며, 여행, 교류, 무역, 영업, 운송,

해외 관련 업무, 프리랜서 등 유동적인 직업이 잘 맞아요. 특히 외국과의 인연이 강할 수 있어 해외 취업이나 출장, 유학 등의 기회가 많을 수 있어요.

사람을 만나며 돌아다니는 일이 적성에 맞을 가능성이 커요. 안정적인 삶과는 거리가 있을 수 있으니, 정착이 필요할 때는 의식적으로 균형을 맞추는 노력이 중요해요.

♠ 간여지동(干與支同)

간여지동은 신살은 아니지만 타고난 기질상 특징이 있어요. 간여지동(干與支同)은 사주에서 일간(日干)과 일지(日支)가 같은 오행을 가질 때를 의미해요. 즉, 일간과 일지가 동일한 오행으로 이루어진 경우로, 이는 사주에서 매우 강한 개성을 형성하는 특징이 있어요. 일주에 있을 경우만 해당돼요.

■ 간여지동의 종류: 일주가 간여지동인 사주 12개

오행	종류(일간과 일지가 같은 색상)
목(木) 간여지동	갑인(甲寅), 을묘(乙卯)
화(火) 간여지동	병오(丙午), 정사(丁巳)
토(土) 간여지동	무진(戊辰), 무술(戊戌), 기미(己未), 기축(己丑)
금(金) 간여지동	경신(庚申), 신유(辛酉)
수(水) 간여지동	임자(壬子), 계해(癸亥)

■ 간여지동 사주의 특징

간여지동 사주는 강한 자아와 신념을 가지고 있어 자기주장이 뚜렷하며 쉽게 타협하지 않는 성향이 있어요. 추진력이 강하고 목표를 향해 집중하면 큰 성취를 이루지만, 균형을 잃으면 독선적으로 흐를 수도 있어요. 삶의 방향성이 명확하고 스스로 운명을 개척하려는 경향이 있지만, 극단적인 성향 탓에 실패 시 쉽게 무너질 위험도 있어요. 결혼 생활에서도 배우자와 타협하고 의존하기보다는 자신의 삶을 중시하는 경향이 있어 배우자와의 충돌이 발생할 가능성이 있어요. 그러니 관계에서 양보와 조화를 이루는 것이 중요해요.

간여지동 일주는 강한 열정과 카리스마로 에너지가 넘치며, 리더십이 뛰어나지만 감정 기복이 크고, 자기중심적인 성향이 강할 수 있어요.

예시 병오 간여지동

시주(時柱)	일주(日柱)	월주(月柱)	연주(年柱)
	병 (丙) 일간		
	오 (午) 일지		
	간여지동		

을묘 간여지동

시주(時柱)	일주(日柱)	월주(月柱)	연주(年柱)
	을 (乙) 일간		
	묘 (卯) 일지		
	간여지동		

♠ 타고난 매력을 깨우는 신살(도화)

사람에게 인기가 있는 도화 신살은 친근함과 매력을 높여 주변에서 호감을 얻기가 쉬워요. 연예인처럼 대중적인 인기를 얻는 사람에게는 필요한 신살이라고 할 수 있죠.

■ 도화(桃花)

도화는 매력과 인기를 상징하며, 사주에 있으면 이성에게 주목받고 사랑받는 경향이 강해요. 예술적 감각이 뛰어나고 사교성이 좋아 사람들에게 호감을 사지만, 과하면 감정 기복이나 연애 문제로 갈등이 생길 수 있어요. 연예인, 모델, 배우, 미디어, 예술 분야에서 특히 잘 맞는 성향을 보여요.

흔히 자오묘유(子午卯酉)가 있으면 도화가 있다고 하는데 진도화가 있어야 진짜 도화가 있는 것으로 봐요.

일지	진도화
인, 오, 술 (寅, 午, 戌)	묘 (卯)
사, 유, 축 (巳, 酉, 丑)	오 (午)
해, 묘, 미 (亥, 卯, 未)	자 (子)
신, 자, 진 (申, 子, 辰)	유 (酉)

예시 임오(壬午)일주인데 일지가 오(午)이고 월지에 묘(卯)가 있으니 진도화가 있는 것이에요.

시주(時柱)	일주(日柱)	월주(月柱)	연주(年柱)
	무 (戊)		
	오 (午)	묘 (卯)	
		진도화	

● 직업 선택의 힌트를 주는 신살

직업 선택에 영향을 주는 신살은 타고난 재능과 적성을 나타내며, 특정 분야에서 두각을 나타낼 수 있도록 도와줘요. 이를 통해 어떤 환경에서 능력을 발휘하면 좋은지, 어떤 직업이 잘 맞는지 파악할 수 있어요. 자신의 신살을 이해하고 적절히 활용하면 더 만족스러운 직업 선택과 성공적인 경력을 쌓을 수 있어요.

■ 현침(懸針)

현침(懸針)은 갑(甲), 신(辛), 오(午), 묘(卯), 미(未), 신(申)이 해당하며, 글자 자체가 날카로운 바늘처럼 예리하고 직선적으로 생겨 그런 기질을 의미해요. 성격이 강직하고 고집이 있는 편이며, 신념이 확고하지만 때로는 타인과의 관계에서 충돌이 생길 수 있어요. 사주에 현침살이 3개 이상 있으면 작용이 크다고 해요.

현침(懸針)은 날카롭고 직선적인 성향을 지닌 글자로, 정확성과 신념이 중요한 직업에서 두드러지는 점이 있어요. 강한 집중력과 논리적 사고가 필요한 분야에 적합해요.

예시 갑(甲) 2개, 신(辛) 1개, 오(午) 1개, 묘(卯) 1개, 신(申) 1개, 현침살 6개

시주(時柱)	일주(日柱)	월주(月柱)	연주(年柱)
갑(甲)	갑(甲)	신(申)	
신(申)	오(午)	묘(卯)	
현침	현침	현침	

* 의료계: 외과의사, 한의사, 침술사, 치과의사
* 법률, 조사: 변호사, 판사, 경찰, 수사관, 감사관
* 정밀, 기술직: 연구원, 프로그래머, 엔지니어, 데이터 분석가
* 예술, 디자인: 세밀한 작업이 필요한 공예가, 조각가
* 경영, 자영업: 컨설턴트, 금융 전문가, 창업가

■ 곡각(曲脚)

곡각(曲脚)은 을(乙), 기(己), 사(巳), 축(丑)이 해당하며, 가진 사람은 꼼꼼하고 세밀하며 현실적이면서도 창의적인 사고를 갖추고 있어요. 기획력과 분석력이 뛰어나며, 꾸준함과 신뢰를 바탕으로 책임감 있게 일을 수행하는 스타일이에요. 사주 천간, 지지 어디에 있든 2개 이상이면 해당돼요.

예시 을(乙) 1개, 기(己) 1개, 사(巳) 1개, 축(丑) 1개, 곡각 4개

시주(時柱)	일주(日柱)	월주(月柱)	연주(年柱)
	을 (乙)	기 (己)	
	축 (丑)	사 (巳)	
	곡각	곡각	

* 기획, 분석 직업: 마케팅 기획자, 데이터 분석가, 컨설턴트
* 교육, 상담 직업: 교수, 강사, 심리 상담사
* 건강, 힐링 직업: 한의사, 요가/명상 지도자

■ 천문성(天門星)

해묘미인유술(亥卯未寅酉戌)은 천문성에 해당하는 글자로, 신비로운 기운과 영적인 감각을 가진 것으로 여겨져요. 이러한 글자가 사주에 있으면 직감이 발달하고, 학문적 탐구와 정신적인 성장에 관심이 많아요. 천

문성이 2~3개 정도 가지고 있는 사람에게 잘 맞는 직업이 있어요. 사주 지지 어디에 있어도 해당돼요.

예시 해(亥) 1개, 유(酉) 1개, 술(戌) 1개, 천문성 3개

시주(時柱)	일주(日柱)	월주(月柱)	연주(年柱)
	을 (乙)		
	해 (亥)	유 (酉)	술 (戌)
	천문성	천문성	천문성

* 교육: 연구교수, 연구원, 철학자, 명리학자
* 문필, 창작: 작가, 기자, 출판업, 역사학자
* 종교, 정신세계: 스님, 신부, 목사, 명상 지도자
* 과학, 기술: 천문학자, 데이터 과학자, 프로그래머
* 의료, 상담: 심리 상담사, 정신과 의사, 한의사

● 조심스럽게 넘어가야 하는 신살

운세에는 흉살(凶)에 해당하는 여러 신살이 있지만, 이를 미리 알고 대비하면 무난하게 지나갈 수 있어요. '알면 이미 개운(開運)이다'라는 말처럼, 시기를 알고 지혜롭게 대처하면 흉을 피해 갈 수 있어요. 세상 모든 일에는 양면성이 있어요. 나쁜 운이라 해도 반드시 나쁘기만 한 것이 아니고, 좋은 운도 무조건 좋은 것만 있는 것은 아니에요. 결국, 신살을 이해하고 적절한 대처를 하는 것이 가장 중요한 지혜예요.

■ 천라지망(天羅地網)

일지가 술(戌), 해(亥), 진(辰), 사(巳)는 천라지망에 해당하는 글자로, 연지, 월지, 시지의 천라지망 글자가 있는 것은 해당이 안 돼요.

예시 일지가 술해진사(戌,亥,辰,巳)중 진(辰)에 해당하는 임진(壬辰)은 천라지망을 일지로 둔 일주예요.

시주(時柱)	일주(日柱)	월주(月柱)	연주(年柱)
	임 (壬)		
	진 (辰)		
	천라지망		

이 일주들은 여러 가지 환경과 상황에 영향을 받으며 그 속에서 내면의 성찰이나 정신적인 성장을 이룰 가능성이 커요.

정신적인 면이 뛰어나며, 역술, 종교, 심리학, 무속, 의학, 기수련, 수행, 명상 등의 분야에서 유리해요. 사람들은 복잡한 환경 속에서 다양한 경험을 통해 정신적 성장과 깊은 통찰을 얻을 수 있어요. 이러한 기운은 내면의 세계를 탐구하고, 인간의 본질적인 질문에 대해 답을 찾는 데 도움이 되는 경향이 있어요.

또한, 일지에 천라지망을 가진 사람은 대운이 술(戌), 해(亥), 진(辰), 사(巳) 운이고, 세운에서 술해진사 운이 반복될 때 이를 동착운이라고 해요.

동착운이 형성되면 금전적인 문제나 인생 전반에서 신중함이 필요해요. 대운에서 천라지망운은 어린 시절 부모의 보호 속에 있거나, 말년에 찾아오는 것이 유리하며, 천라지망 운에는 창업하거나 투자를 하는 것보다는 공부하고 기도하며 직장 생활을 통해 안정적으로 사는 것이 유리해요.

■ 삼재(三災)

삼재(三災)는 사주명리학에서 흔히 말하는 재난이나 어려움을 의미하는 개념으로, 인간이 살아가면서 피할 수 없는 세 가지 재앙, 천지인(天地人)을 뜻해요. 삼재는 인생의 주기적인 흐름 속에서 누구에게나 찾아오는 과정이에요.

단순히 고난운으로 받아들이기보다는 자신의 사주 흐름을 잘 파악하고, 변화에 대비하며, 신중하게 행동하는 시기로 활용하는 것이 중요해요. 삼재가 무서워 비싼 돈을 들여 부적을 쓰는 분들이 많이 있는데 삼재를 피해 가는 간단한 삼재 개운법을 알려드리려고 해요. 삼재를 두려워할 필요 없이, 조금 더 신중한 마음으로 한 해를 보내면 오히려 더 큰 기회를 잡을 수도 있다는 점을 기억하세요.

년도			삼재에 해당하는 띠
2022년 壬寅年	2023년 癸卯年	2024년 甲辰年	申, 子, 辰(원숭이, 쥐, 용띠)
2025년 乙巳年	2026년 丙午年	2027년 丁未年	亥, 卯, 未(돼지, 토끼, 양띠)
2028년 戊申年	2029년 己酉年	2030년 庚戌年	寅, 午, 戌(호랑이, 말, 개띠)
2031년 辛亥年	2032년 壬子年	2033년 癸丑年	巳, 酉, 丑(뱀, 닭, 소띠)

삼재는 태어난 해의 띠를 가지고 적용하는 거예요. 삼재에 대해서는 민감하신 분들이 많더라고요. 그래서 다른 신살보다 좀 더 구체적으로 알려드릴게요.

예를 들어, 2025년은 을사년(乙巳年)이니 돼지, 토끼, 양띠가 삼재에 해당해요. 삼 년 동안 조심하는 것이 아니고 삼재의 달(돼지 11월, 토끼 4월, 양 7월)에 신중하게 행동하면서 마음가짐을 긍정적으로 가지는 것이 중요해요. 동착될 때 즉 겹쳐서 들어올 때 일년 중 세달을 더욱 조심하는 거죠. 삼재 개운법 몇 가지 알려드릴게요.

첫째, 피를 먼저 보아서 액땜하는 방법이에요.

시기는 입춘(2월 3일) 전후에 실행하는 것이 효과적이며 방법은 몇 가지가 있어요.

* 한의원에서 부항을 뜨거나 침을 맞기
* 눈썹 문신, 반영구 화장 등의 시술 받기
* 손가락 따기(체기가 있을 때 혈을 뚫어주는 방식)
* 치과 스케일링이나 가벼운 치과 치료 받기

둘째, 불필요한 구설과 다툼을 피하는 거예요.

삼재 기간에는 말실수, 오해, 구설수 등이 쉽게 생길 수 있어요.

* 충동적인 감정 표현 자제하고, 신중하게 생각한 후 말하기
* 계약이나 중요한 결정은 전문가와 상담 후 진행하기
* 사람들과 갈등이 생길 것 같으면 한 걸음 물러서기

셋째, 재물 관리를 신중하게 해야 해요.

충동적인 투자나 과도한 소비는 피하는 것이 좋아요.

* 불필요한 지출을 줄이고, 저축 비중을 늘리기
* 문서 계약(부동산, 투자) 등은 신중하게 검토하기
* 도박이나 투기성 사업에는 손대지 않기

빛은 각도에 따라 다르게 비치듯,

내가 가진 성향도 바라보는 시선에 따라 전혀 다른 의미가 된다.

있는 그대로의 나를 인정할 때 비로소 나의 진짜 가능성이 열린다.

운명의 알고리즘,
사주 속 인연 찾기

결혼운을
해석하다

결혼은 인생에서 중요한 전환점이자 큰 결정 중 하나죠. 사랑하는 사람과 평생을 함께하겠다는 약속은 그 자체로 큰 의미가 있지만, 그 결혼의 시기가 정말 중요하다는 사실을 간과할 수 없어요.

결혼은 단순히 적당한 나이가 되었다고 해서 결정할 일이 아니에요. 사람마다 타고난 사주에 따라 결혼 시기와 운명이 다르게 나타날 수 있어요. 특히, 사주에서는 결혼운과 관련된 두 가지 중요한 십성이 있어요. 여성에게는 식상과 관성이고, 남성에게는 재성과 관성이에요.

◆ 재성과 재성의 위치에 따른 타이밍 예측

배우자 십성이 천륜 위치에 있는지 인륜 위치에 있는지 구분해야 해요.

배우자 십성: 여자(관성), 남자(재성)

천륜 위치: 부부는 일주를 중심으로 가까이 있는 것이 좋아요.

인륜 위치

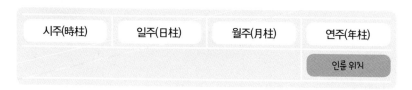

연주 위치	· 인륜 위치 · 일찍 연애운이 들어오고 이별의 가능성이 있음 · 여성은 식상과 관성이 같이 연지에 있으면 일찍 연애하고 자식도 있을 수 있음 · 남성도 연주에 재성이 있으면 연애운이 빠름 · 개운법: 33세 이후 결혼하는 것이 좋음 　일찍 결혼했다면 주말부부 하거나 외국에서 떨어져 살거나 자신이나 배우자가 업상대체가 되면 일찍 결혼했어도 상관 없음

	甲		丁 (상관)
	午		酉 (정관) 丑 (정재)

197

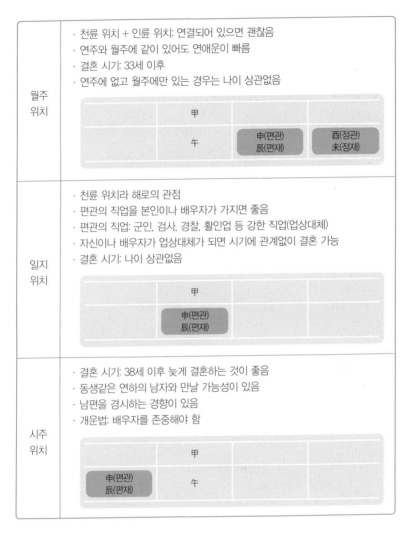

월주 위치	· 천륜 위치 + 인륜 위치: 연결되어 있으면 괜찮음 · 연주와 월주에 같이 있어도 연애운이 빠름 · 결혼 시기: 33세 이후 · 연주에 없고 월주에만 있는 경우는 나이 상관없음

	甲		
	午	申(편관) 辰(편재)	酉(정관) 未(정재)

일지 위치	· 천륜 위치라 해로의 관점 · 편관의 직업을 본인이나 배우자가 가지면 좋음 · 편관의 직업: 군인, 검사, 경찰, 활인업 등 강한 직업(업상대체) · 자신이나 배우자가 업상대체가 되면 시기에 관계없이 결혼 가능 · 결혼 시기: 나이 상관없음

	甲		
申(편관) 辰(편재)			

시주 위치	· 결혼 시기: 38세 이후 늦게 결혼하는 것이 좋음 · 동생같은 연하의 남자와 만날 가능성이 있음 · 남편을 경시하는 경향이 있음 · 개운법: 배우자를 존중해야 함

	甲		
申(편관) 辰(편재)	午		

※ 지지뿐아니라 천간에 있는 관성과 재성도 어느 위치에 있는가로 위치별 결혼 시기를 판단해요.

● 관성(재성)이 많거나(3개 이상) 관성(재성)이 없는 경우

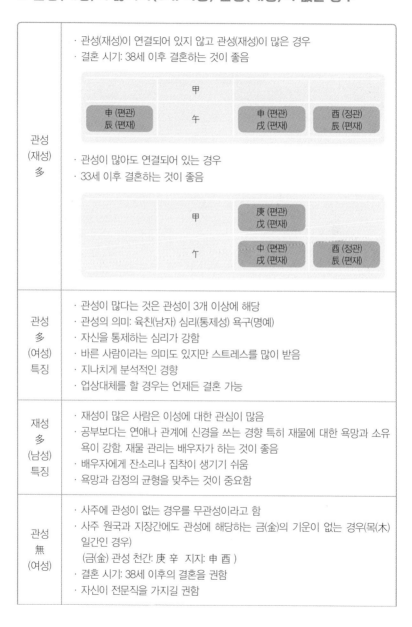

관성 (재성) 多	· 관성(재성)이 연결되어 있지 않고 관성(재성)이 많은 경우 · 결혼 시기: 38세 이후 결혼하는 것이 좋음 		甲			 |---|---|---|---| | 申 (편관) 辰 (편재) | 午 | 申 (편관) 戌 (편재) | 酉 (정관) 辰 (편재) | · 관성이 많아도 연결되어 있는 경우 · 33세 이후 결혼하는 것이 좋음
관성 多 (여성) 특징	· 관성이 많다는 것은 관성이 3개 이상에 해당 · 관성의 의미: 육친(남자) 심리(통제성) 욕구(명예) · 자신을 통제하는 심리가 강함 · 바른 사람이라는 의미도 있지만 스트레스를 많이 받음 · 지나치게 분석적인 경향 · 업상대체를 할 경우는 언제든 결혼 가능
재성 多 (남성) 특징	· 재성이 많은 사람은 이성에 대한 관심이 많음 · 공부보다는 연애나 관계에 신경을 쓰는 경향 특히 재물에 대한 욕망과 소유 욕이 강함. 재물 관리는 배우자가 하는 것이 좋음 · 배우자에게 잔소리나 집착이 생기기 쉬움 · 욕망과 감정의 균형을 맞추는 것이 중요함
관성 無 (여성)	· 사주에 관성이 없는 경우를 무관성이라고 함 · 사주 원국과 지장간에도 관성에 해당하는 금(金)의 기운이 없는 경우(목(木) 일간인 경우) (금(金) 관성 천간: 庚 辛 지지: 申 酉) · 결혼 시기: 38세 이후의 결혼을 권함 · 자신이 전문직을 가지길 권함

		시주(時柱)	일주(日柱)	월주(月柱)	연주(年柱)
관성 無 (여성)	천간	癸	甲	戊	丙
	지지	亥	午	辰	子
	지장간	戊甲壬	丙己丁	乙癸戊	壬癸

· 대운이나 세운에 관성 운과 식상 운이 결혼운임
· 관성이 없는데 운에서 들어올 경우는 첫 번째 남자를 사귀지 말고, 여러 명을 만나본 다음에 골라서 만나야 함

· 사주에 재성이 없는 경우를 무재성이라고 함
· 사주 원국과 지장간에도 재성에 해당하는 목(木)의 기운이 없는 경우(금(金) 일간인 경우)
  (목(木) 재성 천간: 甲, 乙 지지: 寅, 卯)
· 결혼 시기: 38세 이후의 결혼을 권함

		시주(時柱)	일주(日柱)	월주(月柱)	연주(年柱)
재성 無 (남성)	천간	庚	辛	己	丙
	지지	子	酉	酉	子
	지장간	壬癸	庚辛	庚辛	壬癸

· 남성의 경우 재성이 지장간에도 없으면 종교인이거나 재물에 아예 관심이 없음
· 재물이나 소유에 대한 관심이 적음
· 이성 관계보다는 수행이나 학문에 집중
· 돈을 벌기보다 베풀거나 명예, 철학, 종교적인 삶을 중시함

🌸 관성(재성)의 위치에 따른 결혼 시기 정리

배우자를 나타내는 관성(여성), 재성(남성)이 어디에 위치하느냐에 따라 결혼 시기가 달라질 수 있어요.

아래와 같이 관성이 위치한 곳에 따라 결혼 시기를 예측할 수 있으니, 자신의 사주를 살펴보고 적절한 시기를 고려하는 것이 중요해요. 일찍 결혼하여 힘들게 사는 것보다 늦게 결혼하여 자신과 잘 맞는 배우자를 만나 편안하게 사는 것이 더 좋아요. 업상대체가 된 경우는 나이와 상관없이 결혼해도 돼요.

결혼 나이	여성: 관성, 남성: 재성의 위치별 결혼 시기
나이 상관 없음	· 관성(재성)이 월주나 일지에 하나만 있는 경우 · 본인이나 배우자가 업상대체가 된 경우 · 해외에 떨어져 있거나 주말부부로 떨어져 사는 경우
33세 이후	· 관성(재성)이 2개가 월주와 연주에 연결되어 있는 경우 · 관성(재성)이 3개여도 연결되어 있는 경우
38세 이후	· 시주(時柱)에만 관성(재성)이 있는 경우 · 관성(재성)이 사주 원국에 없는 경우 · 관성(재성) 여러 개가 서로 연결이 안 되어 있음

사주에 없는
배우자운 찾기

사주팔자는 태어난 순간의 기운을 담고 있어 기본적인 배우자운과 자식운을 보여주지만, 재성(남성의 배우자), 관성(여성의 배우자), 식상(여성 자식운)이 없다고 해서 결혼을 못 하는 건 절대 아니에요. 그렇다면 관성과 재성이 사주원국에 없는 사람은 결혼운이 들어오는 시기는 언제일까요?

◆ 남자의 경우: 재성운(배우자운)과 관성운(자식운)

남자의 사주에서 대운과 세운에서 재성과 관성운이 들어오면 결혼에 대한 강한 에너지가 생겨요. 이 시기는 재물이 늘어나거나, 배우자를 만날 가능성이 높아지는 시기로, 결혼을 구체적으로 생각하게 되는 경우가 많아요. 특히 정재운은 안정적인 배우자를, 편재운은 자유롭고 스케일이 큰 배우자를 상징하기도 해요.

● 여자의 경우: 관성운(배우자운)과 식상운(자식운)

여자의 사주에서 대운과 세운에서 관성과 식상운이 들어오면 배우자를 만날 운이 강하게 작용해요. 이 시기에는 연애와 결혼의 흐름이 자연스럽게 이어지고, 안정적인 관계를 형성할 가능성이 높아요. 정관운은 믿음직스럽고 헌신적인 배우자를, 편관운은 매력적이지만 다소 개성이 강한 배우자를 나타내요.

● 대운과 세운에서 결혼운을 잡으려면?

대운과 세운에서 배우자운과 자식운이 들어올 때 만남의 기회를 적극적으로 만들어야 해요. 이 시기에 들어오는 인연은 결혼까지 이어질 가능성이 크니, 자신을 잘 관리하고 준비하는 것이 중요해요. 기회가 왔을 때 놓치지 않는 적극성이 필요해요.

사주에 재성, 관성, 식상이 없다고 해서 결혼하지 못하는 것은 절대 아니에요. 특히 배우자운과 자식운이 동시에 들어오는 시기를 잘 활용하면, 결혼과 가정을 이루는 흐름이 매우 순조롭게 이어질 가능성이 높아요. 자신에게 맞는 타이밍을 알고 준비하는 것이 중요해요. 운이 들어올 때, 마음을 열고 적극적으로 인연을 찾아보세요.

3

일지(日支)가 알려주는
배우자의 힌트

'부부는 일심동체다'라는 말은 사주에서 실제로 드러난다는 사실을 알고 계셨나요? 사주에서 나를 상징하는 일간 바로 밑에 일지는 배우자궁이라 불리는데, 이 자리는 나와 배우자가 한 기둥으로 묶여 있는 자리예요. 그래서 부부를 두고 일심동체라는 말이 나온 것이죠.

일지는 단순히 배우자의 자리를 나타내는 것에 그치지 않아요. 배우자의 성향과 기질, 결혼 후의 관계와 조화, 자신의 내면적 성향과 가까운 인간관계 이 모든 것을 엿볼 수 있는 중요한 단서를 담고 있어요.

예를 들어, 일지와 그 밑의 지장간을 보면, 결혼 생활에서 드러날 부부의 관계나 감정의 흐름도 파악할 수 있어요. 결혼은 서로 다른 두 사람이 만나지만, 결국 하나의 흐름으로 이어지는 특별한 연결이죠. 배우자궁은 당신이 어떤 배우자를 만나게 될지, 그리고 결혼 후 어떤 삶을 만들어갈지를 알려주는 중요한 열쇠가 될 수 있어요.

〈남성〉	시주(時柱)	일주(日柱)	월주(月柱)	연주(年柱)
천간(天干)		丙 (병)		
지지(地支)		申 (신)		
십성(十星)		편재(일지) 배우자 모습		

사주에서 일간 밑에 위치한 일지의 십성을 살펴보면, 배우자의 성향과 결혼 후 관계의 모습을 어느 정도 예측할 수 있어요. 배우자가 어떤 성향을 가졌는지, 결혼 생활이 어떻게 흘러갈지를 이해하는 데 도움이 되죠.

예를 들어, 위 사주의 경우 배우자는 재미있고 활동적인 성향을 가진 사람으로 보이며, 단순히 월급을 받으며 안정적으로 생활하기보다는 큰 기회를 노리거나 독립적인 일을 하고 싶어 하는 기질이 강해요. 이는 배우자뿐만 아니라 본인 역시 비슷한 성향을 가지고 있을 가능성이 크죠.

이제부터 일지에 위치한 십성에 따라 배우자의 성향이 어떻게 달라지는지 살펴볼게요.

일지	일지가 지닌 성향
비견	· 비견(比肩): 동등한 친구 같은 관계의 배우자 비견이 일지에 있으면 배우자는 주체적이고 독립심이 강한 경향이 있음. 서로 친구처럼 대등한 관계를 원하며, 지나친 간섭을 꺼림
겁재	· 겁재(劫財): 도전과 자극을 주는 배우자 겁재가 일지에 있으면 배우자는 열정적이고 활력이 넘침 때로는 지나치게 자기주장을 고집할 수 있음 경쟁심이 강한 배우자일 수 있음
식신	· 식신(食神): 따뜻하고 안정적인 배우자 식신이 일지에 있으면 배우자는 낙천적이고 온화한 성품을 가지고 있음. 여유로움을 중시하고 상대방에게 따뜻한 배려를 잘해주는 편이라고 느껴질 수도 있음
상관	· 상관(傷官): 자유롭고 창의적인 배우자 상관이 일지에 있으면 배우자는 개성이 강하고 독창적인 성향을 보임 자기표현에 능하고 감정이 풍부한 편이라 다소 까다롭게 느껴질 수도 있지만, 매력적인 면이 많음
편재	· 편재(偏財): 재미있고 활동적인 배우자 편재가 일지면 배우자는 대인관계가 좋고 매력적임 자유로운 성향이 강해 때로는 소유욕이 강한 상대에게는 맞지 않을 수 있음
정재	· 정재(正財): 책임감 있고 현실적인 배우자 정재가 일지에 있으면 배우자는 안정된 경제관념을 가지고 있는 사람일 가능성이 높음. 가정을 위해 헌신적이고, 현실적이며 실용적인 면을 중요하게 생각함
편관	· 편관(偏官): 강렬하고 주도적인 배우자 편관이 일지에 있으면 배우자는 열정적이고 강렬한 매력을 지닌 사람이 많음 다만 성격이 직선적이거나 예민한 면이 있을 수 있음
정관	· 정관(正官): 안정적이고 책임감 있는 배우자 정관이 일지에 있으면 배우자는 성실하고 규범을 잘 지키는 사람일 가능성이 큼 가정의 안정과 질서를 중요하게 생각하고, 신뢰받는 관계를 선호함
편인	· 편인(偏印): 독창적이고 개성 강한 배우자 배우자는 독창적이고 개성이 강한 사람임 결혼 생활에서 자유로운 사고와 독립적인 태도를 보일 가능성이 큼
정인	· 정인(正印): 지혜롭고 배려심 있는 배우자 정인이 일지에 있으면 배우자는 안정감 있고 따뜻한 성격으로 상대를 배려함 결혼 생활에서 안정된 모습을 보이며 배려와 이해심이 깊음

일지에 비견, 식신, 정재, 정관, 정인이 있는 사람들은 합리적이고 실리적이며 현실적인 성향을 가지고 있어요. 자기주장이 강하지 않으면서 융통성이 있으며, 책임감과 배려심을 갖추어 관계에서 조화를 이루려는 경향이 강해요.

일지에 겁재, 상관, 편재, 편관, 편인이 있는 사람들은 다소 개성이 강하고 변동성이 큰 성향을 가지고 있어요. 이들은 자기표현이 뚜렷하고 독립적인 기질이 강하며, 자유로운 사고를 지닌 경우가 많아요. 즉흥적이거나 유연한 대처 능력이 뛰어나지만, 감정 기복이 크거나 관계에서 강한 주도권을 가지려는 경향이 있을 수 있어요.

4

일지(日支)로 보는
내 삶의 우선순위

일지(日支)는 배우자궁으로, 결혼 생활의 흐름과 배우자와의 관계를 깊이 이해할 수 있는 중요한 지표예요. 단순히 배우자의 성향을 살펴보는 것을 넘어, 일지의 십성을 통해 결혼 후 삶의 우선순위와 중요한 관계의 특성도 파악할 수 있어요.

사람마다 삶에서 우선순위를 두는 대상이 달라요. 어떤 사람은 배우자가 가장 중요하고, 어떤 사람은 자녀나 부모를 더 중시하기도 해요. 이는 일지에 위치한 십성을 통해 짐작할 수 있어요.

또한, 같은 십성이 일지에 있더라도 남성과 여성의 경우 육친의 의미와 삶에서의 우선순위가 달라질 수 있어요. 명리학에서 남성과 여성의 육친 해석이 다르게 나타나기 때문이에요. 예를 들어, 여성에게 관성(正官, 偏官)은 배우자를 의미하지만, 남성에게 관성은 자식을 의미해요.

아래는 남성과 여성 각각의 경우, 일지 십성에 따른 육친의 우선순위를 정리한 내용이에요. 자신과 상대방의 일지를 보면서 그 사람의 인생의 우선순위는 무엇인지 살펴보세요.

🌑 남성: 일지 십성으로 본 인생의 우선순위

십성	순위	남성
비견	1순위	형제, 친구, 동료(협력 또는 경쟁)
	2순위	나 자신(자신의 독립성 추구)
	3순위	배우자(동등한 파트너십 선호)
	· 독립적이고 동등한 관계 형제나 친구와의 유대가 강하면 때론 배우자보다 친구를 우선시하는 것이 문제가 발생할 수 있고 가정이나 배우자보다 자신의 독립적인 생활을 중시하는 경향이 있음	
겁재	1순위	형제, 친구(강한 유대, 때때로 경쟁)
	2순위	나 자신(자신의 독립성 추구)
	3순위	배우자(서로 경쟁하는 관계로 생각)
	· 강한 유대와 경쟁 비견보다 형제나 친구와의 관계를 경쟁의 관계로 생각하고 배우자와 관계도 경쟁적으로 생각해 다소 충돌이 있을 수 있음	

식신	1순위	자녀(자녀에게 관심과 기대가 많음)
	2순위	배우자(배려하는 성향)
	3순위	자기 삶의 여유

· **여유롭고 안정적인 가정을 추구하는 삶**
결혼 후에는 편안하고 조화로운 가정을 이루는 것이 중요하게 생각하며 사회적 성공보다는 가족과 함께하는 여유로운 삶에서 안정과 여유를 추구함

상관	1순위	자녀(규율보다는 자유를 주려는 성향)
	2순위	자기 개성(창의적인 삶)
	3순위	배우자(구속을 싫어함)

· **자유로운 사고와 개성 존중**
자녀를 사랑하지만 엄격하게 키우기 보다는 자유롭게 키우려 하고 배우자의 간섭을 싫어함. 자유롭기를 원함

편재	1순위	배우자(애정 표현 많이 함)
	2순위	사회적 성공(재물, 사업)
	3순위	친구, 외부 활동

· **외향적이고 활동적 관계**
사업인 수단도 좋고 이성도 좋아하지만, 재물에 관심이 많음
월급쟁이 보다는 큰 돈에 대한 욕심이 많으며 일과 외부 활동을 중요하게 생각함

정재	1순위	배우자(책임감 있는 결혼 생활)
	2순위	경제적 안정(재산 관리)
	3순위	부모(가정적 가치 중시)

· **안정적이고 현실적인 관계**
배우자를 소중하게 여기며 가정의 경제적 안정을 중요하게 생각하며 보수적인 가치관을 가지며 가장으로의 책임감이 강함

편관	1순위	자녀(엄격한 교육관)
	2순위	사회적 성공(직업과 명예 중시)
	3순위	배우자(보호하고 싶어함)
	· 강한 책임감 자녀에게 엄격한 교육관을 가지며 일과 직업적 책임감을 우선시하며 배우자는 보호하고자 하는 성향이 강하여 때론 구속처럼 느껴질 수도 있음	
정관	1순위	자녀(모범적인 아버지)
	2순위	배우자(책임감 있는 가장)
	3순위	사회적 신뢰(직장, 명예)
	· 책임감 있고 안정적인 관계 자녀를 중요하게 여기며, 전통적인 가족관을 중시하는 성향이 강하고 다소 보수적이고 권위적인 모습으로 자녀들이 답답하게 느낄 수 있음	
편인	1순위	어머니(거리감이 있음)
	2순위	자기 자신(내면 세계 중시)
	3순위	배우자(의존 가능성)
	· 예민하고 독창적인 관계 어머니와의 관계를 우선시하지만, 대하는 태도가 표현이 어색하고 거리감이 있으며 배우자에게 의존하는 성향이 강하고 자신의 독특한 내면 세계에 집중하려 함	
정인	1순위	어머니(유대감이 강함)
	2순위	자녀(다정한 부모)
	3순위	배우자(거리감 있음)
	· 안정적이고 현실적인 관계 어머니와의 관계가 깊어 고부간 갈등을 초래할 수 있으며 배우자보다 자녀와 부모를 우선시하여 배우자가 서운할 수 있음	

● 여성: 일지 십성으로 본 인생의 우선순위

십성	순위	남성
비견	1순위	나 자신(자신의 독립성 강조)
	2순위	자매 ,친구(서로 돕는 관계)
	3순위	배우자(약한 존재감)
	· 독립적이고 동등한 관계 여성의 경우는 자신의 삶을 중점적으로 살아가려는 경향이 있으며 자매나 친구와의 관계를 중시하지만, 배우자는 깊이 의지하는 성향은 아님	
겁재	1순위	자매, 친구(끈끈한 유대감)
	2순위	나 자신(자립심이 아주 강함)
	3순위	배우자(주도권을 가지려 함)
	· 강한 유대와 경쟁 자매나 친구와의 관계를 우선시하며 의리가 있어 주변 사람들을 챙기는 성향이 강함. 배우자에게 의지하기보다는 독립적으로 살려 하고 때론 배우자를 경쟁자처럼 여김	
식신	1순위	자녀(자녀 중심의 삶)
	2순위	가정(배우자보다 가정을 먼저 생각함)
	3순위	자기 만족(학문 등 자신만의 취미생활)
	· 여유롭고 편안한 관계 배우자보다 자녀를 우선순위에 두며 배우자와는 친구처럼 지내면서 자신이 만족하는 일을 하면서 살기를 원함 배우자가 간섭을 하거나 구속하려 하면 싫어함	
상관	1순위	자녀(별로 간섭하지 않음)
	2순위	자기 개성(창의적인 삶)
	3순위	자기 만족(대인활동, 자유로운 생활)
	· 자유로운 사고와 개성 존중 자녀를 자유롭게 키우고자 하는 편이며 배우자에게 의존하기보다는 자신이 만족하는 일을 하며 부부가 독립적인 위치를 유지하며 살려고 함	

편재	1순위	사회적 관계(사교적 성향)
	2순위	경제적 안정(재산 관리)
	3순위	배우자(자유로운 관계)
	· **외향적이고 활동적 관계** 경제적인 안정과 사회적 인간관계를 배우자보다 우선시하는 경향이 있고, 배우자와는 자유로운 관계를 원하고 독립적으로 살고자 하는 마음이 강함	
정재	1순위	안정된 가정 생활
	2순위	배우자(보수적인 결혼관)
	3순위	부모(보수적 가치 중시)
	· **안정적인 가정** 현실적이고 실리적이며 알뜰하게 가정을 꾸려나감. 보수적인 가치관으로 배우자에게 헌신하는 경향이 있음	
편관	1순위	사회적 성공(일과 명예 중시)
	2순위	자녀(강한 어머니의 모습)
	3순위	배우자(독립적인 관계 원함)
	· **도전과 강한 성격이 반영된 관계** 배우자에게 의존하기보다는 스스로의 길을 개척하려는 경향이 있으며 가정보다는 자신의 사회적 성취를 중요하게 생각함	
정관	1순위	배우자(전통적 가치관 중시)
	2순위	가정(안정적인 가정 추구)
	3순위	자녀(교육과 양육에 관심 많음)
	· **원칙적인 삶 중시** 배우자를 존중하고 가족의 화합과 안정을 매우 중시함. 자녀에게 올바른 가치관을 키워주려는 보수적인 성향이 있으며 사회적으로 인정받는 바른 가정에 대한 관심이 많음	

편인	1순위	자기 자신(예술적인 자신의 내면 세계 중시)	
	2순위	자녀(전통적인 어머니 상은 아님)	
	3순위	배우자(독립적인 관계 선호)	
	· **자신만의 세계에 집중** 배우자에게 의존하지 않고 스스로의 길을 개척하려는 성향이 강해 학문이나 예술, 개인적인 성장에 대한 관심이 큼. 독특한 방면에서 뛰어난 사람이 많이 있음		
정인	1순위	자녀(강한 모성애)	
	2순위	부모(어머니와 유대감)	
	3순위	배우자(배우자 보다 가족 우선)	
	· **전통적인 어머니상** 전형적으로 모성애가 강한 어머니로 자녀를 가장 중요하게 여기며 전통적인 사고방식을 가지고 있으며 배우자보다는 가족을 우선시하는 경향이 있음		

결혼 생활에서 갈등이 생기는 중요한 요인 중 하나는 서로 다른 가치
관과 삶의 우선순위예요. 사람마다 무엇을 중요하게 생각하며 살아가는
지가 다르기 때문에, 이를 이해하지 못하면 갈등이 깊어질 수 있어요. 예
를 들어, 일제 강점기 독립운동을 했던 분들은 가정보다 국가의 독립을
우선순위에 두었기 때문에 자신의 삶을 희생하며 투쟁했어요. 만약 안정
된 가정생활을 최우선으로 생각했다면 그렇게 국가를 위해 목숨을 바치
지 못했을 거예요.

이처럼 사람마다 삶에서 우선순위가 다르고 그것이 행동과 선택에 영
향을 미쳐요. 결혼 생활에서도 마찬가지예요. 배우자의 우선순위가 나와
다를 수 있음을 이해하면 상대방의 행동을 좀 더 넓은 시각에서 바라볼
수 있게 돼요. 서로의 우선순위를 인정하고 존중하는 것이 조화로운 관
계의 시작이에요.

5

같은 사주,
다른 러브스토리

명리학을 공부하다 보면 이런 의문이 들 때가 있어요. 왜 똑같은 날, 똑같은 시간에 태어난 쌍둥이가 서로 다른 삶을 살게 될까? 쌍둥이가 아니더라도 같은 날, 같은 시간에 태어나는 사람이 하루에 50~100명 정도 된다는데 어떤 사람은 의사가 되고 또 다른 사람은 평범하거나 가난한 삶을 사는 걸까? 이런 의문을 가지는 분이 많기 때문에 결혼이 얼마나 중요한가를 설명하기 위해 쌍둥이의 삶을 한 번 이야기해 보고자 해요.

동성의 쌍둥이는 같은 시간과 장소에서 태어나기 때문에 사주가 거의 동일하지만, 살아가는 모습은 특히 결혼 이후 달라질 수 있어요. 이는 결혼이 단순한 인연이 아니라 서로 다른 에너지가 만나 새로운 흐름을 형성하는 과정이기 때문이에요.

쌍둥이의 사주를 해석하는 방법에 대해서는 명리학자들 사이에서도 의견이 다양해요. 쌍둥이 둘째의 사주는 첫째의 사주에 합(合)을 적용하여 새롭게 해석하는 방법도 있고 태어난 시간을 다음 시간으로 조정하여 적용하는 방법 등 여러 방식이 있지만, 아직 쌍둥이에 대한 명확한 이론이 정립된 것은 아니에요. 그렇다면 같은 사주를 가진 쌍둥이가 어떻게 다른 삶을 살게 되는지 살펴볼게요.

● 쌍둥이는 같은 사주인데 왜 결혼 후 삶이 달라질까?

■ 배우자 사주의 영향

결혼 후 삶의 차이는 배우자의 사주가 미치는 영향에 따라 달라져요. 예를 들어, 한 쌍둥이가 재물운이 강한 배우자를 만나면 경제적인 풍요를 누릴 수 있지만, 다른 쌍둥이가 갈등이 많은 배우자를 만나면 불안정한 환경에서 어려움을 겪을 수 있어요. 이는 배우자의 오행과 음양이 쌍둥이 각자의 사주와 상생(조화)하거나 상극(갈등)으로 작용하기 때문이에요. 한 쌍둥이는 부족한 기운을 보완해 주는 서로 맞는 기운의 배우자를 만나 운이 상승하고, 한 쌍둥이는 사주의 궁합이 맞지 않는 배우자를 만나 갈등이 생길 수 있어요.

■ 본인과 배우자의 대운과 세운의 흐름

동성 쌍둥이는 같은 대운(10년 주기)과 세운(1년 주기)을 겪지만, 결혼 후에는 배우자의 기운이 더해지면서 흐름이 달라져요.

예를 들어, A 쌍둥이가 운의 흐름이 재성(재물)운이 강하게 들어오는 배우자를 만나면 삶의 방향이 재물적인 것에 중점을 두는 결혼 생활이 될 수 있고 B 쌍둥이는 운의 흐름이 관성(직업, 책임)으로 흐르는 배우자를 만나면 재물보다는 명예를 추구하는 삶을 살다 보면 사는 모습이 달라지는 거죠. 결혼 후에는 자신의 사주뿐만 아니라 배우자의 기운이 중요한 영향을 미쳐요.

■ 가정 환경과 사회적 역할

결혼은 새로운 가족과 사회적 관계를 만들어 내며, 이는 쌍둥이의 삶에 큰 영향을 미치게 돼요. 배우자의 직업이나 사회적 위치에 따라 각자의 삶이 달라질 수 있어요. 한 쌍둥이는 해외 이주를 통해 글로벌한 환경에서 다양한 경험을 쌓을 수 있고, 다른 쌍둥이는 지역사회에 밀착된 삶을 살면서 안정감을 추구하다 보면 삶의 모습이 다를 수밖에 없죠.

■ 개인의 선택과 삶의 방향

결혼 후 각자의 선택과 행동, 배우자와의 관계에서의 노력 정도도 중요한 역할을 해요.

예를 들어, 한 쌍둥이는 배우자와 함께 새로운 기회를 적극적으로 추구하며 도전적인 삶을 살 수 있고, 다른 쌍둥이는 안정적인 일상에 머물기를 선택할 수 있어요. 결혼 전에는 부모 슬하에 있는 것이기 때문에 비슷한 모습으로 성장하는 경우가 많아요. 하지만 결혼 후, 쌍둥이의 삶은 배우자의 에너지와 결합하여 전혀 다른 방향으로 전개될 수 있다는 점에서 차이가 발생하는 것이죠.

5부

사주와 MBTI가 만드는
새로운 소통법

1

MBTI와
사주의 만남

우리는 매일 많은 사람과 대화하지만, 말이 통하지 않으면 오해가 쌓이고 관계도 멀어지게 되죠.

요즘 MBTI가 인기 있는 이유도 '소통' 때문이에요. 성향을 알면 이해가 쉬워지고, 갈등도 줄일 수 있죠. 하지만 MBTI는 현재 성격만 보여줄 뿐, 타고난 기질이나 관계 속 소통 방식까지는 설명하지 못해요. 사주는 그 빈틈을 메울 수 있어요. 말투, 표현, 대화 스타일이 어디에서 비롯됐는지 사주를 통해 알 수 있거든요.

5부에서는 MBTI와 사주를 결합해 소통을 더 쉽게 이해할 수 있도록 설명하려고 해요. 젊은 세대에게 익숙한 MBTI를 기반으로, 사주를 통해 더 깊은 소통의 열쇠를 전하려 해요.

2

나는 어떤 유형일까?

'나는 어떤 사람일까?'라는 질문에 흥미롭고 명쾌하게 답해주는 MBTI 는 사람을 16가지 성격 유형으로 나누고 각각의 특징과 강점을 알려 주 고 있어요.

외향형(E) vs. 내향형(I) - 에너지를 어디서 얻는지,

감각형(S) vs. 직관형(N) - 정보를 어떻게 받아들이는지

사고형(T) vs. 감정형(F) - 의사결정을 할 때 무엇을 우선하는지

판단형(J) vs. 인식형(P) - 삶을 어떻게 살아가는지

MBTI는 단순히 성격을 분류하는 것이 아니라, 나와 타인을 이해하고 소통하는 데 도움을 줘요. 자신의 강점과 약점을 파악해 더 나은 인간관계 를 형성할 수 있어요. MBTI에 대해 조금 더 자세하게 알아볼게요.

● 당신은 에너지를 어디서 얻나요?(에너지 방향)

■ E(Extraversion, 외향형)

사람들과 어울리며 에너지를 얻는 타입이에요. 파티나 모임에서 활력을 느끼죠. 혼자 있으면 고립된 것 같고 존재감을 상실한 듯해서 우울해져요.

"하루 종일 집에 있으니 우울해! 친구나 만나러 나가야겠다."

■ I(Introversion, 내향형)

혼자만의 시간을 통해 에너지를 충전하는 타입. 책을 읽거나 조용히 걷는 걸 좋아해요. 여러 사람과 어울리면 금방 피로감을 느껴요.

"주말에는 집에서 책 읽으면서 혼자만의 시간을 보내야 해. 사람을 만나면 내 에너지가 소모되는 느낌이야."

● 정보를 어떻게 받아들이나요?(정보 수집 방식)

■ S(Sensing, 감각형)

정보를 받아들일 때 오감을 통해 현재에 집중하고 현실적이고 구체적인 정보를 선호하며, 계획을 세울 때도 눈앞의 사실과 데이터를 기반으로 판단하는 편이에요. 친구와 역사 기행을 가기로 했을 때 나타나는 반응을 보면요.

"비행기표 가격 알아봤어? 숙소는 예약해야 하는데."

■ N(Intuition, 직관형)

이성적 사고나 분석 없이 즉각적인 어떤 것을 느끼고 아는 것이에요. 가능성과 미래에 초점을 맞추며 큰 그림을 보고 창의성과 상상력이 발달한 사람들이에요. 세부적인 것보다는 아이디어와 추상적인 개념을 중요하게 생각하며, 변화와 창의적인 생각을 좋아해요.

"거기에 어떤 숨겨진 이야기들이 있을까? 역사적인 의미가 흥미로울 것 같아."

🌑 의사결정을 할 때 무엇을 중요하게 여기나요?(의사결정 방식)

■ T(Thinking, 사고형)

의사를 결정할 때 논리적이고 객관적인 기준으로 판단하며, 공정함을 중요하게 여겨요. 감정에 휘둘리지 않고 일을 해결하려는 것에 초점을 맞추죠.

(차 사고 났을 때) "보험회사에 연락했어? 병원은 어디 있어?"

■ F(Feeling, 감정형)

사람들의 감정과 관계를 중요시하며, 공감을 우선으로 생각해요. 동정심이 많고 마음이 여리고 따뜻한 사람이 많아요.

(차 사고가 났을 때) "너무 놀랐겠다… 많이 다치진 않았어?"

♠ 삶을 어떻게 살아가나요? (생활 방식)

■ J(Judging, 판단형)

삶을 살아가는 생활 방식에서 J는 체계적이고 계획적인 삶을 선호하며, 미리 계획을 세우는 타입이에요.

"올해는 영어 공부를 꾸준히 해서 토익 900점을 목표로 할 거야. 그래서 매일 2시간씩 공부할 계획이야!"

■ P(Perceiving, 인식형)

즉흥적이고 유연한 삶을 선호하며, 자유롭고 얽매이는 걸 싫어해요.

"뭘 벌써 계획하고 그래, 되는대로 하자!"

E	· 외향형 외부, 함께	에너지 방향	I	· 내향형 내부, 혼자
S	· 감각형 현실적, 구체적	정보수집 방식	N	· 직관형 미래가치, 창의적
T	· 사고형 논리적, 객관적	의사결정 방식	F	· 감정형 감정적, 관계적
J	· 판단형 계획적, 체계적	생활방식	P	· 인식형 즉흥적, 유연성

3

MBTI 사주로 해석하기

MBTI가 심리적 성향을 보여준다면, 사주는 타고난 기질과 삶의 흐름, 내면의 에너지를 분석하여 깊이 있는 이해를 가능하게 해요. 같은 MBTI 유형이라도 사주의 오행과 십성에 따라 성격이 다르게 드러날 수 있는 거죠.

예를 들어, ENFP라도 화(火) 기운이 강하면 더 열정적이고 즉흥적이지만, 토(土)의 기운이 강하면 안정적이고 신중한 면이 강해요. 즉, MBTI로 파악한 성향을 사주로 보완하면 개인의 특성을 더욱 정확히 이해할 수 있어요.

MBTI 16가지 성향은 크게 분석형, 외교형, 관리자형, 탐험가형 네 가지 그룹으로 나눌 수 있어요. 각 그룹은 성향과 특징이 다르며, 이를 사주의 오행과 십성으로 연결하면 보다 구체적인 이해가 가능해요. MBTI와 사주의 오행이 100% 일치하는 것은 아니지만, 두 가지 시스템을 연관 지어 살펴보면 성격과 기질을 이해하는 데 큰 도움이 될 수 있어요.

☗ 분석형 (INTJ, ENTJ, INTP, ENTP): 논리적 사고 중심

분석형(Analyst) 그룹은 MBTI에서 직관형(N)과 사고형(T)을 함께 가진 유형들로, 논리적 사고와 전략적 사고를 중시하는 특징이 있어요. 이들은 분석적이고 독창적인 사고를 바탕으로 문제를 해결하며, 지적 탐구에 대한 욕구가 강해요. 사주의 오행으로 풀어보면 금(金) 기운과 수(水) 기운이 연관돼요.

금(金): 논리적, 객관적, 이성적, 체계적, 효율성 중시
수(水): 깊은 사고력, 지혜, 창의적 사고, 탐구심, 신비로움

☗ 외교형 (INFJ, INFP, ENFJ, ENFP): 관계 중심

외교형(Diplomat)은 감정형(F)과 직관형(N)을 함께 가진 유형들로, 공감 능력과 사람들과의 관계를 중요하게 여기며, 표현력이 뛰어나며 사람을 편하게 하는 능력이 있어요. 사주의 오행으로 풀어보면 목(木) 기운과 화(火) 기운이 연관돼요.

목(木): 성장, 확장, 이상주의, 창의성, 배려, 관계 지향
화(火): 열정, 감성, 영감, 표현력, 따뜻함, 에너지

◉ 관리자형 (ISTJ, ISFJ, ESTJ, ESFJ): 책임감과 질서 중심

관리자형(Sentinel) 그룹은 MBTI에서 감각형(S)과 판단형(J)을 함께 가진 유형들로, 책임감이 강하고 신뢰할 수 있으며, 질서와 조직을 중요하게 여기는 성향이 있어요. 이들은 실용적인 방식으로 목표를 달성하는 데 집중해요. 사주의 오행으로 풀어보면 토(土) 기운과 금(金) 기운이 연관돼요.

토(土): 안정적, 신뢰할 수 있음, 현실적, 계획적, 조직적, 책임감
금(金): 체계적, 논리적, 실용적, 규칙 중시, 구조적인 사고

◉ 탐험가형 (ISTP, ISFP, ESTP, ESFP): 자유롭고 즉흥적 성향

탐험가형(Explorer) 그룹은 MBTI에서 감각형(S)과 인식형(P)을 함께 가진 유형들이에요. 이들은 즉흥적이고 유연하며, 현실적이면서도 도전을 즐기는 성향을 가지고 있어요. 새로운 경험을 좋아하고, 직접 행동하며 배우는 스타일이에요. 사주의 오행으로 풀어보면 목(木),화(火),수(水) 기운이 연관돼요.

목(木): 자유로운 사고, 성장 지향적, 개방적, 창의적
화(火): 즉흥적, 열정적, 에너지가 넘침, 감각적, 활동적
수(水): 창의적 사고, 탐구심, 신비로움

MBTI와 오행으로 알아보는
맞춤형 소통법

사람마다 생각하는 방식과 중요하게 여기는 가치가 다르기 때문에 원활한 소통이 쉽지 않을 때가 있어요. 같은 상황에서도 어떤 사람은 감정적으로 반응하고, 어떤 사람은 논리적으로 접근하죠.

사주는 타고난 기질과 삶의 방향을 알려주고, MBTI는 사고방식과 대인관계 스타일을 보여줘요. 이 두 가지를 함께 활용하면 상대방을 더 깊이 이해하고, 효과적인 소통이 가능해져요. 이제 사주와 MBTI를 통해 풀어가는 소통의 기술을 알아보고자 해요.

● 일반 대화법: 범용 열쇠

대화는 단순히 말을 주고받는 게 아니라 상대방의 마음을 여는 열쇠예요. 그런데 한번 생각해 볼까요? 하나의 열쇠로 모든 문을 열 수 있을까요?

대화도 마찬가지예요. 사람마다 성격, 기질, 상황이 다르기 때문에 맞춤형 열쇠가 필요하죠. 그래서 우리는 '보편적인 대화법'과 '사주를 활용한 대화법'이라는 두 가지 열쇠를 가지고 맞춤형 소통법을 배워보려 해요.

예 "오늘 날씨가 참 좋네요!", "식사하셨어요?"

장점 누구와도 어색하지 않은 대화를 시작할 수 있어요.

한계 상대의 성격이나 기질을 모른 채 대화를 이어가다 보면, 겉도는 느낌이 들거나 깊은 소통이 어려울 수 있어요.

■ 보편적인 대화법이 실패하는 순간

A는 B와 중요한 이야기를 나누고 싶어 먼저 가볍게 말을 꺼냈어요.

A: "오늘 하루 어땠어요?"
B: "별일 없었어요."

A는 대화를 자연스럽게 풀어나가려 했지만, B는 짧게 대답하고 다음으로 대화가 연결이 안 되었어요. 왜 그럴까요?

B가 금(金) 기운이 강한 사람, 즉 논리적이고 효율적인 대화를 선호하는 사람이라면 불필요한 감정 표현이나 사적인 대화보다는 본론을 빨리 듣고 싶어 해요. 이럴 때, A 씨는 어떻게 대화를 이어가야 할까요?

■ 사주의 기질을 고려한 맞춤형 대화법

B처럼 금(金) 기운이 강한 사람은 감성적인 대화보다는 직접적이고 논리적인 접근을 선호해요.

비효율적인 접근

"오늘 하루 어땠어요?" 은 단답형 대답으로 끝날 가능성이 커요.

효율적인 접근

"오늘 중요하게 상의할 일이 있는데, 바로 말씀드려도 될까요?"

이러면 B가 기대하는 직관적이고 논리적인 흐름이 만들어져요. 즉, 상대방의 기질을 이해하면 더 효과적인 대화가 가능해요. 이처럼 보편적인 대화법이 항상 통하는 것은 아니에요. 상대의 성향에 따라 어떤 열쇠로 문을 열어야 할지 고민하는 것, 그것이 바로 맞춤형 대화법이라고 할 수 있죠. 배우자와 가족의 성향을 이해하고 대화하는 방법을 달리해 보세요.

◆ 사주를 활용한 대화법: 맞춤형 열쇠

사주를 활용한 대화법은 상대방의 성향에 맞는 대화를 만드는 특별한 방법이에요. 사람마다 대화에서 원하는 것이 다르기 때문에 그 사람만을 위한 맞춤형 대화법이 필요하거든요.

▪ 사람의 성격에 따라 달라지는 대화 방식

사주는 상대가 어떤 에너지를 가졌는지 알려줘요. 그 에너지를 잘 살려 주는 대화를 하면 상대가 더 편안함을 느끼고 대화에 잘 반응해요.

예를 들어, 상대가 에너지가 넘치는 사람이라면 "너는 정말 열정적이야!"라고 칭찬해 주고, 반대로 조용한 사람이라면 "네 생각은 정말 깊이 있어."라고 공감해 주면 좋아요.

▪ 대화의 목적도 다르게 생각하기

대화는 단순히 문제를 해결하는 것이 전부가 아니에요. 상대가 편안함을 느끼고, 함께 이야기를 나누는 즐거움을 느끼게 하는 것이 중요하죠. 사주를 활용하면 상대가 어떤 대화를 좋아하는지 알 수 있어요. 활발한 사람에게는 신나는 주제로 신중한 사람에게는 논리적이고 차분한 방식으로 대화를 이끌어가면 더 효과적이에요.

구분	보편적인 대화	사주를 활용한 대화
접근 방식	누구에게나 쓸 수 있는 기본 대화법	상대의 기질과 성향에 맞춘 맞춤형 대화법
예시 질문	A: "별일 없으시죠?" B: "네" (금(金)기운 강) 그 다음 단절	금기운이 강한 사람에게 논리적, 사실적 대화 "지금 하고 있는 일은 잘 진행되고 있나요?"
대화의 깊이	겉도는 경우가 많을 수 있음	상대가 관심 있는 주제를 중심으로 깊이 있는 대화 가능
효과	관계를 무난하게 유지 가능	상대가 대화에 몰입하고 공감대 형성이 가능

사주를 활용한 대화법은 상대방을 존중하고, 그 사람의 성격과 기질에 딱 맞춘 말을 건네는 방법이에요. 이렇게 하면 상대는 더 편안함을 느끼고, 대화는 훨씬 즐겁고 효과적으로 이어질 거예요.

5

사람을 내 편으로
만드는 소통의 기술

사람마다 타고난 오행의 기운은 기질과 소통 방식에 큰 영향을 미쳐요. 어떤 사람은 따뜻하고 직설적인 대화를 좋아하지만, 또 다른 사람은 차분하고 논리적인 접근을 선호할 수 있어요. 이처럼 오행에 따른 기질과 성향을 이해하면 상대와의 대화에서 더 깊은 공감과 신뢰를 형성할 수 있죠.

특히 조직에서나 연인, 가족 간의 관계에서도 사주의 특성을 고려한 대화를 한다면 어렵게만 느껴지는 인간관계가 훨씬 더 원활해질 수 있어요.

상대방의 기질을 알고 대화하면 단순한 말이 아니라 마음을 움직이는 대화가 가능해지는 거죠.

⬟ 목(木) 기운: 도전과 성장을 중시

`특징` 어떤 일에 새로이 도전하여 성장하고 발전하는 것을 중시하며, 창의적이고 융통성 있는 성향이에요.

`대화 방식` 도전과 동기부여를 통해 에너지를 북돋아 주는 방식이 좋아요.

`칭찬할 때`

"네가 새롭게 시작한 프로젝트는 정말 참신하고 멋져!"

"너의 팀을 이끌어가는 모습이 인상적이야."

"항상 도전적이고 창의적인 아이디어를 내줘서 정말 고마워."

`피드백` 목 기운은 시작은 잘하지만, 마무리 능력이 부족해요.

"네 아이디어는 정말 대단한데, 아이디어를 보충할 수 있는 구체적인 실행 계획을 먼저 세우고 일을 시작하면 어떨까?"

"오, 새로운 생각이네, 여러 가지를 해야 하는 일이니, 한 번에 너무 많은 걸 시도하기보다 하나씩 집중해 보면 어때?"

● 화(火) 기운: 열정과 표현을 중시

특징 열정적이고 표현적이며, 감정적으로 동기부여를 받는 성향이에요.

대화 방식 감정을 긍정적으로 자극하고, 그들의 에너지를 인정해 주는 것이 필요해요.

칭찬할 때

"너의 열정과 에너지가 팀에 정말 활력을 주고 있어."

"너로 인해 우리 팀의 분위기는 최상이야."

"네가 이번에 보여준 적극적인 태도는 정말 감동적이었어. 너라서 가능했어."

피드백 처음은 엄청난 열정으로 시작하지만, 곧 시들어집니다.

"네가 보여준 열정은 정말 멋져! 조금 더 구체화해서 접근하면 아이디어가 훨씬 더 효과적으로 실현될 수 있을 거야. 네가 가진 에너지는 엄청난 가치가 있어!"

● 토(土) 기운: 안정과 균형을 중시

특징 안정과 균형을 중시하며, 책임감이 강한 성향이에요.

대화 방식 신뢰를 기반으로 한 안정감을 강조하고, 그들의 노력을 인정하는 대화가 필요해요.

칭찬할 때

"항상 이렇게 책임감 있게 중심을 잡아줘서 정말 고마워."

"당신 덕분에 모두가 편안하고 안정감을 느끼고 있어."

"네가 일을 이렇게 꼼꼼히 챙겨줘서 정말 든든해."

피드백 혼자 일을 감당하려는 성향이 있어요.

"너는 항상 신뢰감을 주니 정말 고마워. 혼자 많은 일을 처리하려면 벅찰 수 있으니 가끔은 다른 사람에게 위임해 보는 것도 방법일 것 같아"

🔶 금(金) 기운: 규율과 결단을 중시

특징 논리적이고 체계적이며, 명확한 소통을 선호하는 성향이에요. 길게 말하고 두서없이 말하는 것을 싫어해요.

대화 방식 논리와 명확성을 중심으로, 실질적인 해결 방안을 제시하는 대화를 좋아해요.

칭찬할 때

"너의 분석력 덕분에 일이 명확하게 정리됐어."

"당신이 각자에게 위임해서 정말 효율적이었어요"

"네 계획은 완벽해! 덕분에 다들 방향을 잘 잡고 움직일 수 있었어."

피드백 상대의 감정보다 업무 위주라 냉정하게 느껴져요.

"기획안이 정말 세밀하고 꼼꼼하게 작성되었네, 이번에는 조금 더 상황의 변화에 맞춰 유연하게 대처해 보면 어떨까?"

"당신의 논리적인 판단은 참 훌륭해요, 가끔은 다른 사람의 감정을 조금 더 살펴보는 것도 필요할 것 같아요."

⬟ 수(水) 기운: 감정과 교감을 중시

특징   감정적이고 유연하며, 깊이 있는 사고와 교감을 선호하는 성향이에요.

대화 방식   감정적인 교감과 깊이 있는 이해를 통해 심리적 안정감을 주는 대화가 필요해요.

칭찬할 때

"네가 주변 사람들을 따뜻하게 감싸 주니 고마워"
"당신의 배려심에 감동했어요. 고마워요"

피드백   생각이 많고 우유부단하게 느껴져요.

"늘 상대방을 배려해서 일 해줘서 감사해요. 이번엔 상대방 입장을 배려하기보다 너무 좋은 기획이니 조금 더 자신감을 가지고 밀고 나가면 어떨까요?."

"항상 세심한 일 처리 고마워요. 이번 일은 속도가 중요하니 빠른 결정을 내리는 것이 어떨까요?

피드백이 필요한 상황이라면, 상대의 기운에 맞춰 대화하는 것이 중요해요. 그래야 거부감을 줄이고, 더 효과적으로 전달할 수 있어요. 피드백을 줄 때는 먼저 상대의 장점을 칭찬한 뒤, 그 사람의 오행적 성향에 맞게 조언하는 것이 핵심이에요.

사주의 오행을 활용하면, 상대의 강점은 살리고 부족한 부분은 부드럽게 보완하는 방식으로 피드백을 전할 수 있어요. 이렇게 하면 상대방도 방어적으로 반응하지 않고, 피드백을 더 긍정적으로 받아들이게 되죠.

특히 피드백 과정에서는 감정을 상하게 하는 경우가 많아요. 이럴 때는 '이 부분은 정말 훌륭해요! 여기서 이 부분만 조금 다듬으면 완벽할 것 같아요.'처럼 접근하면, 상대방이 기분 나쁘지 않게 받아들일 수 있어요. 이렇게 칭찬을 강조하고 개선점을 부드럽게 전달하면, 진심 어린 조언이라는 것을 상대가 자연스럽게 느끼게 돼요.

6부

사주로 풀어보는
사랑의 언어

연인의 마음을 읽는 열쇠

사주는 태어난 순간의 에너지를 통해 타고난 성향과 기질을 알려주고, MBTI는 성격을 해석하는 데 도움을 줘요. 이런 도구들은 상대를 더 깊이 이해하는 데 유용하지만, '사랑을 표현하는 방식'을 알려주지는 않아요.

사람마다 사랑을 표현하고 받아들이는 방식이 다를 수 있어요. 그런데 서로 다른 방식으로 사랑을 표현하면, 사랑을 주고받고 있음에도 불구하고 상대가 이를 느끼지 못하거나 오해가 생길 수 있어요.

이에 대해 게리 채프먼^{Gary Chapman}은 '5가지 사랑의 언어*(The 5 Love Languages)'를 통해 사랑을 표현하는 방식이 다르다는 점을 설명했어요.

게리 채프먼은 사랑의 언어가 다르면 감정을 잘 전달하지 못하고 오해할 수 있다고 설명했어요. 예를 들어, '인정과 칭찬'이 중요한 사람에게 선물만 주면 사랑을 느끼지 못할 수도 있고, '선물'이 중요한 사람에게는 말만 해줘서는 사랑을 충분히 느끼지 못할 수 있어요.

5가지 사랑의 언어를 이해하면 상대방이 원하는 방식으로 사랑을 표현할 수 있어요. 이 사랑의 언어는 감정을 전달하고 사랑을 확인하는 중요한 도구가 될 수 있어요. 자신의 사랑의 언어가 무엇인지 본능적으로 아는 사람도 있겠지만, 인터넷에 '5가지 사랑의 언어 테스트'를 검색하면 쉽게 찾을 수 있으므로. 배우자나 가족의 사랑의 언어를 확인한 후 6부를 읽으면 실생활에 적용하는 데 도움이 될 거예요.

---

* 게리 채프먼은 결혼과 인간관계 분야의 세계적 권위자이며, 그의 대표작 『5가지 사랑의 언어』는 생명의말씀사에서 번역 출간된 세계적 베스트셀러다.

나는 어떤 표현 방식을
좋아할까?

● 따뜻한 말로 마음을 채우는 언어: 인정과 칭찬

"감동이다.", "너 정말 잘했어!", "오늘 정말 멋져 보인다!"이런 말 한마디가 상대방의 하루를 완전히 바꿔줄 수 있어요. 인정과 칭찬을 사랑 언어로 가진 사람은 말을 통해 사랑을 느껴요. 단순히 잘했다는 말이 아니라, 그 속에 담긴 진심이 중요하죠.

예를 들어, "오늘 발표는 정말 감동적이었어. 특히 마지막 부분이 더 인상적이었어, 눈물 날 뻔했어!"이런 섬세한 칭찬이 큰 감동을 줍니다.

예시 A는 배우자에게 매일 아침 "당신 정말 소중하고 늘 고마워!"라고 말했어요. 하지만 언젠가부터 이 말을 무심히 잊고 안 했는데 아내는 사랑이 식었다고 생각하고 우울해했다는 거예요. 그만큼 인정과 칭찬은 그 사람에게 큰 의미가 있었던 거죠.

◉ 마음을 담은 작은 표현: 선물

선물은 꼭 비싸야 할 필요는 없어요. 사랑의 언어가 선물인 사람에게는 그 선물에 담긴 마음이 더 중요하거든요. 작은 꽃 한 송이, 손수 쓴 편지, 맛있는 초콜릿 한 개 이런 소소한 선물이 그들에게는 세상을 얻은 것처럼 느껴질 수 있어요.

예시 B는 배우자가 출장 갔다 돌아올 때마다 작은 기념품을 사 오는데 그게 비싼 물건은 아니었어요. 어느 날 출장을 갔던 배우자가 빈손으로 돌아오자, B는 '이제는 날 사랑하지 않은 건가?' 라고 생각했어요. 배우자 입장에선 선물보다 더 중요한 건 내가 왔다는 사실이었지만, 선물이 사랑의 언어인 B는 그 기념품이 곧 나를 생각했다는 증거로 받아들인 거죠.

◉ 행동으로 보여주는 사랑: 봉사

'말보다 행동!' 사랑의 언어가 봉사인 사람은 직접적인 행동을 통해 사랑을 느껴요. 설거지를 해주거나, 피곤한 배우자를 위해 아침 식사를 준비해 주는 것. 이런 행동이 그들에게는 최고의 사랑이라고 느껴요.

예시 A와 B는 맞벌이 부부예요. 아내인 A의 사랑의 언어는 봉사이고, 배우자인 B의 사랑의 언어는 스킨십이었어요. 아기를 낳고 맞벌이를 하는 아내에게 필요한 것은 설거지해주고 분리수거를 해 주는 것이 중요했어요. 하지만 남편은 매일 안아달라 스킨십을 원했던 거죠. 피곤한 아내는 마음이 동해야 스킨십이 가능하지 지친 아내에게 그의 요구는 마음을 헤아리지 못하는 응석으로밖에 받아들여지지 않았죠.

"포옹보다 지금 나에게 중요한 것은 집 안 청소를 해주는 거란 말이야." 서로의 사랑 언어를 모르고 자신만의 언어로 말하려 할 때 그 사랑은 자꾸만 어긋나게 되는 거죠.

● 함께 보내는 집중된 시간: 함께하는 시간

사랑의 언어가 함께 하는 시간인 사람은 다른 무엇보다 함께 이야기하며 서로에게 집중하는 시간을 소중하게 여겨요. 핸드폰을 내려놓고 온전히 상대방에게 집중하는 시간이 가장 큰 사랑의 표현이에요. 함께 저녁을 먹으며 대화하거나, 산책하며 이야기를 나누는 시간은 그들에게 사랑받고 있다는 느낌이 들게 해요.

예시 A는 연인과 함께 집에서 영화를 보면서 너무 행복했는데, 연인이 계속 핸드폰을 보며 메시지를 보내는 걸 보고 울컥했어요. '우리 함께 있는 이 순간이 그렇게 안 중요한가?' 함께하는 시간이 사랑의 언어인 사람에게는 함께 집중하며 보내는 시간이 가장 큰 사랑인데 그는 그런 연인을 옆에 두고 계속 핸드폰을 했던 거죠.

● 손길로 전해지는 사랑: 스킨십

스킨십은 단순한 신체적 접촉을 넘어서 감정적인 유대감을 강화해 줘요. 손을 잡아주거나, 따뜻하게 안아주는 작은 행동이 상대방에게 큰 위로가 될 수 있어요.

예시 A는 연인이 싸움 후 사과 대신 조용히 손을 잡아주었을 때 모든 화가 풀렸다고 말했어요. "그 따뜻한 손길 하나로 '우리가 괜찮다'는 걸 느꼈다"고 하더군요. 스킨십의 언어를 가진 사람에게는 포옹 한 번이 수백 마디 말보다 더 큰 사랑으로 다가올 수 있어요.

자신과 주변 사람들의 사랑 언어를 알면 더 건강하고 따뜻한 관계를 만들 수 있어요. 내가 주로 사용하는 사랑의 언어가 상대방과 다를 수도 있기 때문에 이를 이해하는 것이 중요해요.

사랑의 표현,
사주로 이해하기

　　사람마다 사랑을 표현하는 방식이 달라요. 어떤 사람은 따뜻한 말로 애정을 전하고, 어떤 사람은 행동으로 보여주며, 또 어떤 사람은 묵묵히 책임을 다하는 방식으로 사랑을 표현해요. 이러한 차이를 사주명리학에서도 오행과 십성을 통해 이해할 수 있어요. 상대의 표현 방식을 존중하고 받아들이면 더 조화로운 관계를 만들어갈 수 있어요.

오행	표현 방법	부족한 면
목(木) 기운이 강한 사람	인정하는 말로 표현	성급함과 변덕이 심함
화(火) 기운이 강한 사람	스킨십으로 행동으로 표현	감정 기복이 심함
토(土) 기운이 강한 사람	헌신적인 봉사로 표현	애정 표현이 부족함
금(金) 기운이 강한 사람	실질적인 물질로 표현	감정 표현이 서툼
수(水) 기운이 강한 사람	감성적이고 대화로 표현	행동력이 부족하고 우유부단함

내 방식대로만 사랑하면, 내 마음은 진심이지만 상대는 외로울 수 있어요. 사랑은 이해와 맞춤의 언어로 피어나는 감정이예요. 내가 표현했다고 해서 상대가 느낀 건 아니므로 사랑은 마음뿐 아니라, 방식까지도 상대를 위한 것이어야 해요.

4

오행으로 알아보는
나만의 사랑 스타일

사랑의 표현 방식이 다르면, 오해와 갈등이 생길 수 있어요. 한쪽은 말로 사랑을 확인받고 싶어 하지만, 다른 한쪽은 행동으로 보여주려 한다면 상대는 '사랑받지 못한다'는 서운함이 쌓일 수 있어요. 결국 표현 방식의 차이를 이해하지 못하면, 사랑이 부족해서가 아니라 단순한 소통의 문제로 관계가 흔들릴 수도 있어요.

사랑의 언어	부족하면 느껴지는 감정
인정과 칭찬	· 상대가 감사를 표현하지 않으면 "내 노력을 왜 몰라주지?" 라는 서운함
선물	· 작은 기념일도 지나치면 "나를 특별하게 여기지 않나?"라는 불안감
봉사	· 상대가 도와주지 않으면 "내가 이렇게 힘든데 안 도와주네?"라는 섭섭함
스킨십	· 신체적 접촉이 줄어들면 "사랑이 식었나?" 라는 불안감
함께하는 시간	· 함께 시간을 못내며 바쁜 상대를 보면 "더 이상 관심이 없는 걸까?" 라고 외로워 함

● 사랑이 전달되지 않는 이유

사랑은 표현하는 방식이 다르기에 때로는 상대방에게 제대로 전달되지 않을 수 있어요. 예를 들어, 애정을 따뜻한 말로 표현하는 사람과 행동으로 보여주는 사람은 서로 사랑을 느끼는 방식이 달라요. 말을 듣고 싶어 하는 사람에게 묵묵히 헌신하는 행동만으로 사랑을 표현한다면, 그 사랑이 온전히 전해지지 않을 수도 있어요.

이처럼 자신의 방식대로만 사랑을 표현하면 상대방이 이를 인식하지 못하거나 충분한 사랑을 받지 못한다고 느낄 수 있어요. 따라서 사랑이란 상대가 원하는 방식으로 사랑을 표현하려는 노력이 필요해요.

● 사례 1 부부 사이의 서로 다른 사랑의 언어 (부부 A와 B)

A는 봉사가 사랑의 언어예요. 그래서 집안일을 도와주고, 배우자를 위해 물심양면으로 헌신하면서 사랑을 표현했어요. 하지만 B는 칭찬과 인정을 중요하게 생각해요. B는 "왜 당신은 고맙다는 말 한마디 안 해줘?"라고 서운해할 수 있어요

해결법 A는 단순히 행동으로만 사랑을 표현하지 않고, 봉사를 해주면서 말로도 아내에게 사랑을 표현하기 시작했어요.

"내가 피곤한 당신을 위해 준비했어. 이렇게 열심히 살아 주어서 고마워, 당신이 최고야!" 이런 작은 표현이 두 사람의 관계를 크게 바꾸는 계기가 되고 B 또한 자신이 사랑받고 인정받는 사람임을 느끼게 되었어요.

● 사례 2 엄마와 딸 사이의 서로 다른 사랑의 언어

엄마 C는 생일을 맞은 딸에게 선물을 주며 사랑을 표현했어요. 하지만 딸에게는 선물보다 엄마와 함께하는 시간이 더 소중했어요. 바쁜 엄마는 "선물이야, 생일 축하해"라고 말하며 선물을 건넨 뒤 급히 자리를 떠났어요. 딸은 엄마와 함께 식사하며 대화를 나누길 기대했지만, 그렇게 하지 못해 아쉬움을 느꼈어요. "엄마와 함께 시간을 보내고 싶었는데.."라며 서운한 마음이 들었죠.

해결법 엄마가 딸의 사랑 언어를 이해했다면, 함께 저녁을 먹으며 시간을 보냈을 것이고, 그로 인해 딸은 행복한 생일로 기억했을 거예요. 하지만 엄마는 선물을 통해 사랑을 표현하는 사람이었기에, 함께하는 시간보다 선물을 선택했죠.

그러나 딸의 사랑 언어를 알게 된 후, 엄마는 아무리 바빠도 퇴근 후 최소 30분은 딸과 대화를 나누며 함께하기로 했어요. 비록 짧은 시간이지만 매일 꾸준히 함께하다 보니, 딸은 엄마의 사랑을 온전히 느낄 수 있었고, 두 사람의 관계도 더욱 깊어졌어요.

오행과 사랑의 언어로 알아보는
최적의 사랑 방식

사주에서 오행(五行)은 사람의 기질과 소통 방식에 영향을 줘요. 마찬가지로, '5가지 사랑의 언어'도 각자의 성향에 따라 다르게 나타날 수 있어요. 오행의 기질에 맞춰 사랑을 표현하면, 서로를 더 깊이 이해하고 효과적으로 소통할 수 있어요.

● **목(木) 기운이 강한 사람: 도전과 성장을 중시하는 성향**
  사랑의 언어: 인정과 칭찬

목 기운이 강한 사람들은 자기 발전과 성장을 중요하게 생각하고, 이를 타인에게 인정받을 때 사랑을 실감해요. 단순한 감정보다 성취를 칭찬받고 인정받을 때 만족감을 느끼는 경우가 많아요. 이런 사람들은 '인정과 칭찬'을 통해 사랑을 받는다고 느끼기 때문에, 그들의 노력을 알아주고 격려하는 것이 중요해요.

예시 목(木) 기운이 강한 남편

그는 항상 일과 자기 계발을 위해 노력하는데, 아내가 이에 대한 인정 없이 단순한 애정 표현만 한다면 그는 충분한 사랑을 느끼지 못할 수도 있어요. 하지만 아내가 "당신 덕분에 우리 가정이 더 안정되고 있어. 항상 책임감 있게 노력하는 모습이 정말 존경스러워."라고 말해 준다면, 그는 자신의 가치를 인정받는다는 느낌을 받고 더욱 힘을 내게 될 거예요.

● 화(火) 기운이 강한 사람: 감정을 직접적으로 표현하는 성향
사랑의 언어: 스킨십

화 기운이 강한 사람들은 열정적이고 감정 표현을 중시하며, 신체적 접촉을 통해 애정을 확인하는 경향이 있어요. 단순한 말보다는 포옹, 손잡기, 가벼운 터치 같은 스킨십을 통해 사랑을 느낄 때가 많아요.

예시 화(火) 기운이 강한 아내

그녀는 남편이 자신을 자주 안아주고, 손을 잡아줄 때 사랑받는다고 느끼지만, 남편이 이에 대해 무관심하거나 스킨십을 잘 하지 않는다면 서운함을 느낄 수 있어요. 하지만 남편이 "오늘 힘들었지? 안아줄게."라고 말하며 따뜻한 포옹을 해 준다면, 그녀는 그 순간 자신이 충분히 사랑받고 있다고 느낄 거예요.

⬟ 토(土) 기운이 강한 사람: 안정과 신뢰를 중요시하는 성향
사랑의 언어: 봉사

토 기운이 강한 사람들은 사랑을 행동으로 확인하려는 특징이 있어요. 말보다는 상대가 나를 위해 얼마나 노력하고 도와주는지가 더 중요한 경우가 많아요. 이런 사람들은 '봉사'를 사랑의 언어로 삼고, 실질적인 도움을 받거나 제공할 때 애정을 느껴요.

예시 토(土) 기운이 강한 아내

그녀는 남편이 따뜻한 말을 해 주는 것보다, 안아주고 스킨십을 할 때보다 자신이 힘들 때 함께 집안일을 해 주거나, 피곤할 때 먼저 나서서 저녁을 준비해 줄 때 더욱 사랑받는다고 느낄 거예요. 만약 남편이 "당신이 요즘 너무 피곤해 보이는데, 오늘 저녁은 내가 준비할게. 푹 쉬어."라고 말하며 행동으로 보여준다면, 그녀는 남편의 사랑을 깊이 실감할 거예요.

⬟ 금(金) 기운이 강한 사람: 가치와 의미를 중시하는 성향
사랑의 언어: 선물

금 기운이 강한 사람들은 사랑을 의미 있는 물건이나 선물로 표현하는 경우가 많아요. 이들에게 선물은 단순한 물질적인 것이 아니라, 사랑과 정성을 담은 '상징'이에요. 꼭 비싼 것이 아니어도, 상대가 나를 생각하며 준비한 선물이라면 큰 감동을 받을 수 있어요.

예시 금(金) 기운이 강한 친구

이 친구는 따뜻한 말보다 소중한 의미가 담긴 선물을 받을 때 사랑을 실감해요. 생일이 아닌 평범한 날, 그가 좋아하는 작은 책 한 권을 건네며 "이거 보면서 네가 떠올라서 샀어."라고 말한다면, 그 친구는 자신이 특별한 존재로 여겨진다는 느낌을 받을 거예요.

🌑 수(水) 기운이 강한 사람: 감성과 대화를 중시하는 성향
사랑의 언어: 함께하는 시간

수 기운이 강한 사람들은 깊이 있는 대화와 함께하는 시간을 가장 중요하게 여겨요. 같은 공간에 있어도 각자 핸드폰만 보고 있는 것이 아니라, 집중해서 이야기를 나누는 시간이 이들에게는 큰 의미가 있어요.

예시 수(水) 기운이 강한 아내

그녀는 남편과 단둘이 차분하게 이야기할 시간이 없으면 사랑을 충분히 느끼지 못할 수 있어요. 하지만 남편이 "우리 오늘 저녁은 TV 끄고 이야기하면서 먹을까?"라고 제안한다면, 그녀는 그 순간 깊은 애정을 느끼고 행복해질 거예요.

간단하게 정리하면 다음 표와 같아요.

오행	성향	사랑의 언어	소통방식
목(木)	성장과 언어적 표현 중시	인정과 칭찬	"당신 덕분에 내가 성공할 수 있었어." (칭찬과 격려)
화(火)	직접적 열정적 표현 중시	스킨십	따뜻하게 포옹해 주며 "오늘 힘들었지? 안아줄게." (포옹, 손잡기)
토(土)	안정적 실질적 신뢰 중시	봉사	"오늘 청소는 내가 할게." (실질적인 도움)
금(金)	실리적 가치와 의미 중시	선물	"이거 보니 당신 생각나서 주고 싶어서 하나 샀어." (의미 있는 선물)
수(水)	감성과 대화 중시	함께하는 시간	"우리 분위기 있는 카페가서 차 한잔 하며 이야기하자." (집중된 대화)

● 조화로운 관계를 위한 노력

조화로운 관계를 위해서는 먼저 상대방의 사랑 표현 방식을 이해하는 것이 중요해요. 어떤 사람은 따뜻한 말로 사랑을 표현하고, 어떤 사람은 행동으로 보여주기도 해요. 이를 파악하면 관계가 한층 원활해질 수 있어요.

■ 나와 다른 사랑의 방식도 인정하는 태도가 필요해요.

자신이 원하는 방식과 다르게 사랑을 전하는 상대를 존중하면 갈등을 줄일 수 있어요. 내 방식대로 사랑을 표현하는 것은 상대에게 효과적이지 않을 수 있어요. 상대의 사랑의 언어를 알았다고 해도 쉽게 자신의 행동을 바꾸기는 어려울 수 있어요. 그러니 상대의 사랑 방식도 이해하려는 태도가 중요해요.

■ 사랑을 효과적으로 전달하려면 상대가 원하는 방식으로 표현해야 해요.

상대가 말로 애정을 확인받고 싶다면 인정과 칭찬을 통해 자존감을 높여 주세요. 행동으로 보여주는 것을 중요하게 여긴다면 작은 배려라도 실천해야 해요. 사랑을 표현하는 방법은 다양하지만 상대방이 원하는 방식에 맞춰 노력할 때 관계는 더욱 깊어져요. 서로의 차이를 인정하고 존중하는 것이야말로 조화로운 관계를 이루는 가장 중요한 요소예요.

결혼은 서로를 고치려는 싸움이 아니라,

서로의 다름에 천천히 길들여지는 여정이다.

길들여지는 동안 우리는 어른이 되고, 사랑은 깊어진다.

7부

사주로 읽는
결혼과 관계의 지혜

1

결혼, 성향 차이를
이해하는 첫걸음

결혼은 두 사람이 함께 걸어가는 긴 여정이에요. 하지만, 서로 다른 성향을 가진 두 사람이 평생을 함께한다는 것은 절대 쉽지 않아요. 그런데도 서로를 이해하고 조화롭게 지낼 방법은 분명히 있어요.

서로의 성향과 기질을 이해하는 것은 결혼 생활에서 매우 중요한 부분이에요. 사주는 각자가 어떤 성향으로 태어났는지를 알려줘요. 예를 들어, 한 사람은 혼자만의 시간이 필요하고 한 사람은 사람들과 어울리는 것을 좋아한다면, 그 차이를 이해하는 것부터가 갈등을 줄이는 방법이 되겠죠.

사주로 이해하는 서로 다른 성향

A와 B는 결혼 2년 차 부부예요. A는 혼자만의 시간이 필요하고, 사람들과 어울리기보다는 혼자서 무언가를 하는 걸 좋아해요. 반면 B는 창의적이고, 무언가를 배우고 사람들과 어울리는 것을 좋아하는 성향을 가지고 있어요. 이 두 사람은 종종 서로의 성향 차이 때문에 갈등을 겪었어요. "왜 그렇게 말해, 왜 나를 이해 못 해?"라며 종종 다투기도 했죠. 그러나 사주 상담을 통해 A는 사주 오행 중 수(水)의 기질이 강하고, B는 목(木)의 기질이 강하다는 사실을 알게 되었어요. 이를 통해 서로의 성향을 이해하게 되면서 갈등은 줄어들었죠.

A는 B의 외향적인 성향을 존중하고, B는 A의 독립적인 성향을 이해하며 점차 서로 맞춰가게 되었어요. A는 "사실 나는 혼자만의 시간이 필요해서 혼자 있을 때가 좋아. 그런데 B는 사람들과 함께 있는 걸 좋아하니까, 나도 그걸 이해하려고 노력하고 있어."라고 말했어요.

그 후 두 사람은 한 주는 집에서 조용히 쉬고, 한 주는 사람들을 만나 외부 활동을 하는 방식으로 서로 조율하기 시작했어요. 때로는 꼭 같이 시간을 보내지 않고, 따로 시간을 보내고 오후에 만나는 식으로 조율하니 결혼 생활이 한결 편안해졌어요. 이처럼, 사주를 통해 나와 상대의 성향을 알면 서로에 대한 이해가 깊어지고, 그에 맞춰 조율하면서 갈등을 줄여나갈 수 있어요.

예시 사주로 이해하는 서로 다른 기질

지금 우리의 사고방식은 많이 변화했지만, 여전히 여성과 남성의 역할에 대한 고정관념은 남아 있어요. 어떤 사람은 결정을 내려야 하고, 어떤 사람은 그 결정을 지원하기 더 편하게 느끼는 사람이 있어요. 그러나 이런 고정관념이 문제를 일으키기도 해요. 예를 들어, 중요한 결정은 남자가 하고, 지원하는 일은 여자가 해야 한다는 식의 기대가 은연중 있을 수 있어요.

A와 B는 맞벌이 부부인데, 두 사람의 성향은 많이 달랐어요. A는 여성이지만, 사주에서 양적인 기질이 아주 강하고 주도적이며 앞에서 사람들을 이끌어 가는 리더형의 사람이에요. 신살에서 말한 괴강과 백호의 성향인 여성인 거죠. 반면, B는 남성이지만 음적인 성향이 강해 섬세하고 꼼꼼하고 실리적이며 지원하는 역할이 어울리는 참모형의 사람이에요.

결혼 전에는 각자 자신이 가지고 있지 않은 성향을 가진 상대에게 매력을 느꼈어요. 주도적인 A는 B가 채워주는 섬세함에 안정감을 느꼈고, B는 A가 주는 활력과 결정력에 신선한 매력을 느꼈죠. 하지만 결혼 후, 갈등 상황이 자주 발생하게 되었어요. 달라도 너무 다르다고 느끼며 답답함을 느꼈던 두 사람은 사주 상담을 받으러 왔어요. 상담을 통해 서로의 성향이 다르다는 사실을 알게 되었어요. 남자라고 다 리더십이 있고, 여자라고 다 따르는 성향이 아니라는 걸 깨달았죠. 그들은 서로의 고정관념에 갇혀 결혼 생활을 하고 있었다는 걸 깨닫게 되었어요.

이제 B는 A의 리더십과 주도력을 존중하고, A는 B가 자신의 세심하지 못함을 지원해 주는 방식에 감사하게 되었어요. 서로의 역할을 인정하게 되니 예전 사랑의 감정이 다시 생기게 되는 것을 느끼게 되었어요. 사주를 이해하며 상대를 바라보니 그동안 단점으로 보였던 것이 자신의 약점을 보완해 주는 장점이었다는 것을 이해하게 된 거죠.

B는 "처음에는 당신이 빨리빨리 결정하고 급하게 행동하는 게 너무 불안했어요. 하지만 사주를 통해 당신의 리더십과 추진력을 이해하고 당신은 그런 기질로 태어난 사람이라는 것을 알게 되니 당신에게 내가 정말 필요한 사람이라는 것을 깨닫게 되었어요"라고 말했어요.

사랑이 시작될 때는 서로의 다름이 매력적으로 다가와 사랑에 빠지게 되죠. 하지만 시간이 지나면서 그 다름이 부부싸움의 원인이 되기도 해요. 이는 상대를 '틀리다'고 보는 관점 때문이에요. '내가 옳고 너는 틀리다'라는 고집을 내려놓는 것만으로도 행복한 인생을 살 수 있게 되죠. 직장 내에서 갈등도 피할 수 없어요. 중요한 건, 그 갈등을 어떻게 다루느냐에 있어요. "왜 이렇게 생각할까?"를 고민하며 다름을 인정하는 태도가 필요하죠.

● MBTI로 상대를 이해하기

C와 D는 직장에서 함께 일하는 동료인데, 성향이 다소 달라서 종종 갈등을 겪곤 했어요. C는 감정적이고, D는 논리적이에요. 어느 날, 프로젝트에서 큰 문제가 생겼을 때 C와 D는 서로 다른 방식으로 접근했어요.

C는 프로젝트 중에 발생한 문제로 스트레스를 많이 받고 있었어요. C는 자신의 감정을 D와 공유하며 "이 문제 진짜 어려워, 정말 힘들어"라고 말했어요. 하지만 D는 그런 C를 보고 곧바로 문제 해결을 위해 논리적인

방안을 제시하려 했어요. "이렇게 하면 해결될 거야"라고 말하며 해결책을 떠올린 거죠. 그러나 C는 그때 해결책보다는 감정적으로 공감받고 싶었기 때문에 D의 반응에 실망감을 느꼈어요. D는 자신이 문제 해결을 위해 최선을 다했다고 생각했지만, C는 그것이 감정적으로 부족하다고 느꼈죠.

이때, 갈등이 생겼어요. C는 D가 자신을 이해하지 못한다고 생각했고, D는 C가 문제 해결에 관심이 없다고 생각했어요. 두 사람은 서로의 반응에 대해 오해가 생겨 버렸어요. 하지만 서로의 사주를 알거나, MBTI를 알게 되면서 성향을 이해하게 되죠. C는 "처음에 내가 힘들다고 말했을 때 힘든 내 마음을 이해해 주지 않아 속상하더라고. 그런데 네가 T 성향이라는 걸 알게 되니 왜 그렇게 말했는지 이해가 되더라"

D는 "나는 네가 힘들어하기에 빨리 일을 해결하고 싶은 마음에 해결책을 제시한 건데 너는 그때 위로받고 싶었던 거구나. 나 때문에 더 힘들고 속상했겠다. 미안해"

이 사례에서처럼, MBTI와 사주를 통해 상대방의 기질을 이해하면, 감정적으로 더 가까워지고, 갈등을 해결하는 데 큰 도움이 돼요. 직장에서의 갈등도 상대방을 이해하고 존중하는 마음으로 해결할 수 있게 되죠. 갈등이 생겨도, 그 갈등을 해결하는 과정에서 서로의 다름을 인정하고, 상대방을 이해하려는 노력이 중요하다는 것을 깨닫게 돼요. 결국, 갈등이 발생하는 것은 어쩔 수 없는 일이지만 그것을 해결하는 과정에서 소통법이 중요함을 알게 되는 거죠.

2

결혼, 나를 완성하는
최고의 프로젝트

결혼은 사랑만으로 끝나지 않아요. 시작은 사랑이지만, 결혼 생활에 들어가면 전혀 다른 세상에 발을 들여놓게 되죠. 남자와 여자는 생각, 감정, 행동이 다르고, 30여 년을 다른 곳에서 살던 두 사람이 만나 함께 사는 것이 결혼이에요.

예를 들어, 상대는 "그래서 결론은 뭐야?"라고 묻고, 나는 "그냥 들어주면 되는 거 아니야?"라고 대답하며 답답함을 느끼죠. 갈등을 겪으며 "아, 이 사람은 나랑 다르게 태어난 거구나."라고 깨닫게 돼요. 그 깨달음에서 결혼의 진짜 여정이 시작돼요.

결혼은 사랑으로 시작되지만, 결국 서로를 통해 내가 성장하는 과정이에요. 다름을 이해하고 갈등 속에서 더 단단해지며, 함께 하면서 나를 더 깊이 알게 되는 거죠. 그럼 결혼이 어떻게 우리를 더 나은 사람으로 만들어 주는지 하나씩 알아볼까요?

◈ 차이를 인정하며 성장하는 우리

결혼은 처음에 "이 사람은 왜 나와 이렇게 다를까?"라는 질문으로 시작돼요. 남자는 문제 해결을 중요하게 여기고, 여자는 감정을 공감받는 것을 원하죠. 서로 다른 생각과 방식을 받아들이는 과정에서 시야가 넓어지고, 더 깊이 있는 사람이 되어 가요. 나만의 방식이 정답이 아니라는 걸 깨닫게 되면, 관계 속에서 유연함이 생기고 배려도 깊어져요.

때로는 내 입장에서만 보던 문제를 상대의 시각에서 바라보면서 더 현명한 선택을 하게 되죠. 그렇게 서로를 통해 배우며 성장할 때, 결혼은 단순한 사랑이 아니라 함께 완성해 가는 과정이 돼요. 애정에서 동지애가 생기고, 서로를 더 깊이 신뢰하며 진정한 가족이 되어 가는 거예요.

◈ 갈등을 넘어 더 강해지는 우리

결혼 생활을 하다 보면 "왜 저렇게 생각하지?"라는 고민이 생길 때가 많아요. 하지만 바로 그 순간이 더 깊은 대화를 나눌 기회가 돼요. 상대를 이해하려고 노력하다 보면 자연스럽게 공감 능력이 향상되고, 나도 모르게 내 고집을 내려놓는 연습을 하게 되죠.

결혼은 갈등을 피하는 게 아니라, 갈등을 해결하면서 함께 성장하는 법을 배우는 과정이에요. 때로는 의견이 부딪치고 서운함이 생기지만, 이를 풀어나가는 과정에서 서로에 대한 신뢰가 깊어져요. 또, 작은 오해를 해결하는 법을 배우면서 더 성숙하고 유연한 사람이 되어 가죠. 결국, 결혼은 단순히 사랑하는 관계를 넘어, 서로를 성장시키는 동반자가 되는 과정이에요. 함께 고민하고 맞춰 가는 시간이 우리를 더 깊이 연결해 주는 소중한 순간이 되는 거예요. 그렇게 함께 싸우고 부딪치며 맞춰 가는 과정에서, 동지애를 넘어 전우애까지 생기게 되죠. 내 인생의 생과 사를 함께하는 끈끈한 전우애 말이에요. 서로를 이해하고 보듬어 갈 때, 결혼은 더 단단해지고 깊어지는 거예요.

♠ 책임감 있는 어른이 되어 가는 우리

결혼은 "나 혼자만의 삶"에서 "함께 만들어 가는 삶"으로 바뀌는 순간이에요. 서로의 행복을 위해 노력하다 보면 자연스럽게 책임감이 생기고, 때로는 예상치 못한 내 헌신적인 모습도 발견하게 되죠. 결혼은 우리가 진정한 어른으로 성장하는 첫걸음이 될 수 있어요. 또한, 상대를 통해 나를 더 깊이 이해하게 돼요. 상대의 감정을 배려하고 조율하는 과정에서 인내와 배려가 길러지고, 관계를 지켜가기 위해 끊임없이 스스로를 돌아보게 돼요. 결혼 생활 속에서 우리는 단순한 '나'가 아니라, 서로를 빛내주는 '우리'가 되어 가는 거예요. 그렇게 함께 성장하며 더 나은 사람이 되어가는 과정이 결혼의 진정한 가치일지도 몰라요. 이제 부부는 전우애를 넘어 인생을 함께 걸어가는 동반자가 되는 거예요.

♠ 결혼, 나를 비추는 거울

결혼 생활은 마치 배우자가 내 모습을 비춰주는 거울 같아요. 상대의 강점을 통해 나의 부족한 점을 채우고, 상대의 약점을 보며 내가 더 노력해야 할 부분을 깨닫게 되죠. 이러한 배움과 성장은 결혼이라는 관계 속에서 얻을 수 있는 소중한 선물이에요. 하지만 상대의 단점에만 집중하면 세상에 만족할 만한 사람은 없어요. 시선을 나에게 돌려보면, 과연 나는 그 사람보다 얼마나 더 나은 사람일까요? 사실, 우리는 결국 비슷한 수준의 사람과 만나게 돼요. 내가 100이라면 50인 사람을 만나지 않고, 내가 50인데 100을 기대하는 것도 어려운 일이죠.

더 나은 사람을 만나고 싶다면 결국 내가 더 나은 사람이 되어야 해요. 가끔 나보다 훨씬 뛰어난 사람을 만날 수도 있지만, 그런 관계는 오래 지속되기 어려워요. 감성에만 의존한 사랑은 보통 3년을 넘기기 힘들고, 그 이후에는 서로의 실체가 보이기 시작하거든요. 결국, 진정한 결혼은 비슷한 정도의 사람이 만나 서로 성장하며 함께 만들어가는 과정이에요.

♠ 결혼, 나를 완성하는 최고의 성장 프로젝트

결혼은 완벽한 사랑이 아니라, 서로의 다름을 존중하며 만들어가는 사랑이에요. 처음에는 "이건 안 맞아!"라고 생각했던 것들이 나중에는 "그래서 더 특별해"로 바뀌죠. 배우자를 있는 그대로 받아들이면서 사랑의 깊이를 느끼게 돼요. 결혼은 서로의 다름을 인정하고 조화를 만들어가는 사랑의 예술이에요.

결혼은 때로는 짜증 나고, 가끔은 절망스러울 수도 있지만, 결국 내 인생에서 가장 흥미로운 성장 드라마가 될 거예요. 상대를 통해 나도 몰랐던 나를 발견하고, 갈등을 통해 더 나은 사람이 되어 가면서, 새로운 삶의 의미를 배워가죠. 결혼은 단순히 두 사람이 함께 걷는 길이 아니라, 서로를 비추며 더 나은 자신으로 성장하는 긴 여정이에요. 나중에 돌아보면 이렇게 말할 수 있을 거예요.

"결혼이 내 인생 최고의 성장 프로젝트였네." 라고요.

더 나은 미래를 위한 인생 로드맵

사주는 우리에게 정답을 주지 않아요. 대신, 자신을 깊이 이해하고 삶의 방향을 잡는 소중한 나침반이죠. 중요한 것은 지금 이 순간을 어떻게 살아갈지 고민하고 실천하는 거예요. 사주는 기질, 강점, 약점을 알려주는 도구로, 이를 잘 활용하면 삶의 난관을 지혜롭게 헤쳐 나갈 수 있어요. 자신을 이해하고 변화의 기회를 포착하며 한 걸음씩 나아가는 것이 중요해요.

인생은 한 번뿐이에요. 지금 이 순간을 즐기고, 주변 사람들과 따뜻한 마음을 나누며 살아가세요. 청춘은 눈부시지만 불확실한 미래 앞에서 그 아름다움을 느끼지 못할 때도 있어요. 하지만 걱정 마세요. 성실하게 살아가면 반드시 길이 보일 거예요. 중년이 되면 자녀 교육과 사회생활로 바쁜 시기를 보내게 돼요. 이때 배우자와 함께 난관을 헤쳐 나가면, 50대 이후에는 사랑을 넘어 끈끈한 전우애 같은 감정을 느낄 수 있어요. 그동안 미뤄왔던 나만의 삶을 찾고, 소박한 행복을 누릴 수 있죠. 시간이 지나면서 진정한 행복은 돈이나 명예가 아닌 마음의 평온과 관계 속에서 온다는 걸 깨닫게 돼요. 특히 배우자와의 관계는 인생의 행복과 불행을 결정할 정도로 중요해요. 사주, MBTI, 5가지 사랑의 언어를 잘 활용하면 관계 속에서 더 깊이 이해하고 함께 성장할 수 있어요.

삶은 예측할 수 없는 파도로 가득하지만, 그 파도를 타는 태도에 따라 전혀 다른 풍경을 만날 수 있어요. 자신을 사랑하고, 주변을 이해하며, 지금 이 순간을 온전히 살아가세요.

말은 관계의 중요한 요소예요. 말투 하나로 누군가는 위로받고, 또 누군가는 상처받을 수 있어요. 따뜻한 표현과 공감을 통해 더 많은 사람과 긍정적인 관계를 맺을 수 있어요.

이 책은 여러분이 자신과 주변 사람들을 더 깊이 이해하고, 관계를 풍요롭게 만들 수 있도록 돕기 위해 썼어요. 사주, MBTI, 5가지 사랑의 언어를 알면 관계와 소통에서 많은 도움이 될 거예요. 나를 이해하고, 배우자와 자녀, 친구, 동료를 이해하는 과정에서 결국 행복은 나 자신에게서 시작돼요.

이 책을 통해 여러분의 인생 로드맵을 사주로 설계해 보세요. 더 나은 미래를 향해 나아갈 수 있어요. 지금 이 순간부터 더 괜찮은 나 자신이 되기 위해 한 걸음씩 나아가세요. 여러분이 인생을 사랑하며, 마음의 평온과 행복을 찾길 기원할게요.

여러분의 행복을 응원하며 정수 박정희

다른 듯 닮아가는 우리, 인연의 마법
함께한 30년, 인내가 사랑이 되기까지

결혼 30주년, 참 길고도 짧은 시간이었다. 돌이켜보면, 우리는 정말 서로 다른 사람이었다. 나는 양(陽)의 성향이 강하고, MBTI로는 ENFP. 에너지가 넘치고 자유로운 영혼처럼 항상 새로움을 추구하며 살았다. 한편, 남편은 음(陰)의 성향이 강하고, MBTI로는 ISTJ. 신중하고 현실적이며 체계적인 사람이었다. 마치 햇빛과 그늘이 함께 있는 정원 같았다.

우리는 처음부터 서로에게 끌렸다. 내가 가진 감성적이며 자유로움은 남편에게 신선한 매력으로 다가갔고, 그가 가진 성실함과 안정감은 내게 큰 위안이 되었다. 그러나 결혼 생활이 시작되고, 차이는 종종 갈등으로 나타났다. 나는 즉흥적으로 행동하고 감정에 솔직하고 타인에 대한 연민과 동정심이 강한 사람이었다.

반면, 남편은 지극히 이성적이고 현실적인 사람이었다. 결혼 생활을 하며 때론 너무 감정이 메마른 낙엽 같은 사람으로 느껴져 마음의 공허함이 느껴졌다. 그는 매사 계획을 세우고 철저히 준비해야만 마음이 놓였다. 나는 삶의 희로애락을 즉시 표현하며 위로받고 공감받고 싶어 했다. 하지만 그는 나의 이런 소중한 감정은 소모적이며 살아가는 데 도움이 안 되는 부질 없는 것들로 치부하는 듯 느껴졌다. 가슴은 서걱거렸고 외로웠다.

서로의 다른 성향은 처음에는 벽처럼 느껴졌다. 나는 남편이 너무 메마르고 답답한 사람처럼 느껴졌고, 남편은 내가 너무 감정에 치우쳐 사는 사람처럼 느껴졌을 것이다. 대화가 평행선을 달릴 때도 많았다. 나의 열정은 그의 눈에 과장된 행동으로 보였고, 그의 침묵은 내게 무관심으로 느껴졌다.

하지만 30년이 지난 지금, 그 차이는 더 이상 갈등의 원인이 아니다. 우리는 서로의 성향을 이해하고 받아들이는 법을 배웠다. 내가 즉흥적으로 아이디어를 쏟아낼 때, 남편은 차분히 듣고 현실적인 방향을 제시해 주었다. 남편이 고집스러울 만큼 신중할 때, 나는 유연하게 그의 마음을 열 수 있는 방법을 찾았다.

서로의 다름을 보완해 감으로써 우리의 삶을 더 안정적이고 풍요롭게 만들었다. 내가 새로움을 추구하며 에너지를 발산할 때, 남편은 그 뿌리가 되어 나를 단단히 붙잡아 주었다. 반대로, 남편이 현실적인 고민에 빠져 있을 때, 나는 그에게 바람처럼 가벼운 시선을 던져 주었다. 우리 둘의 성향은 충돌했지만, 그 충돌이 없었다면 우리는 서로의 세계를 더 깊이 알 수 없었을 것이다.

결혼은 서로를 완성하는 과정이었다. 그는 내게 현실의 무게를 가르쳐 주었고, 나는 그에게 가벼운 날개를 달아 주었다. 지금 돌이켜 보면, 우리는 서로에게 필수적인 존재였다. 햇빛만으로 나무가 자랄 수 없고, 그늘만으로 꽃이 필 수 없듯이 말이다. 30년을 함께 살아보니 이제야 깨닫는다. 부부란 완전히 같아야 하는 존재가 아니다. 오히려 서로의 다름을 이해하고 그 다름 속에서 함께 성장하는 존재이다. 서로의 다름을 이해하는 데 30년이라는 긴 시간이 걸렸다.

부부만큼 소중한 존재는 없다. 부부 일심동체라는 말은 사주에서 비롯된 말이 아닐까 싶다. 남편은 나를 나타내는 일간 아래 일지로 자리 잡은 한 기둥과 같다. 그 기둥이 흔들리면 온전한 삶을 살아내기란 어렵다. 부부는 운명 공동체와도 같은 존재다. 내 삶을 빛나게 하기 위해선 그도 함께 빛나야 한다. 서로의 다름을 인정하고 이해할 때, 각자는 아름다운 빛을 내고, 그 빛들이 어우러져 하모니를 이루는 곳이 바로 가정이라는 정원이다.

이 책은 결혼 30주년을 맞이하며 30년의 세월 동안 나라는 존재를 이해하고, 비바람을 함께 맞으며 변함없이 사랑해 준 든든한 버팀목, 나의 친구이자 동반자, 평생을 함께 배워 온 남편에게 드리는 작은 감사의 표현이다.